소란

소란

박연준 산문

ㄴㄴ〉〈ㄷㄴ

소란騷亂

○

시끄럽고 어수선함.

소란巢卵

○

암탉이 알 낳을 자리를 바로 찾아들도록

둥지에 넣어두는 달걀.

밑알이라고도 함.

개정판 서문

'어림'을 사랑하는 일

작고 가벼울 것.

말들이 수다스럽지 않게 '놓여 있을' 것.

내성적이지만 강할 것.

기다란 시를, 혹은 실을 따라가는 느낌을 낼 것.

책 속에서 거닐 것.

여백이 자라게 할 것.

2013년 11월 19일, 제 일기장에 이런 내용이 담겨 있습니다. 쓰고 싶은 책 한 권을 계획하는 페이지였죠. 두번째 책을 쓸 수 있을지 기약이 없었습니다. 세상에 하나뿐인 책을 쓰겠노라 까

불었지요. 그렇게 『소란』은 제 첫 산문집이 되었습니다.

당시 저는 이십대와는 가깝고 사십대와는 먼, 서른 어디 즈음을 지나고 있었습니다. 눈물은 많고 피는 뜨거웠지요. 뜨거운 피를 식힐 방법을 몰라 '한밤중'이란 숲을 헤매며 영혼의 대장간(?)을 굴리던 시절이었습니다. 아무튼 힘 하나는 셌습니다. 사랑에 실패하고 싶었는데, 자꾸만 실연에 실패해 속상하던 때였어요. '실연의 실패'를 사랑이라 고쳐 믿었습니다. 지금 생각해보니 아둔한 믿음이 곡괭이가 되어, 희망을 캐내던 때였네요. 『소란』 이후, 삶에서 좋은 것을 조금씩 생각할 줄 알게 되었습니다.

어떤 시절은 자꾸 접힙니다. 허리를 반으로 접고 웅크린 사람처럼.

쓰는 동안, 접힌 부분을 펼쳐보고 밖으로 내놓는 작업을 부끄러운 줄도 모르고 했습니다. 할 얘기가 많았습니다. 대부분 청탁도 받지 않고 혼자 방에 앉아 글을 썼습니다. 유년시절, 가족, 사랑, 이별, 시, 기울어지는 것, 일상, 추억, 상처, 이해하고 싶지만 이해하기 어려운 것들에 대해 썼습니다. 아무도 볼 것 같지 않아 자유로울 수 있었습니다. 쓰면서 행복했어요. 탈고 후, 마무리 교정 작업을 하던 2014년 가을이 기억납니다. 이미 내용을 알면서 읽을 때마다 '재미있어' 울고 웃었어요. 쯧쯧(혀를 차세요).

화가 조앤 미첼은 이렇게 말했습니다. "자신의 취약점을 드러내지 않고는 아무도 그림을 그리고, 글을 쓰고, 뭔가를 느낄 수 없어요. 자신의 약점을 드러내려면 아주 강해져야 하죠."(메이슨 커리, 『예술하는 습관』, 걷는나무, 2020)

맞아요. 소란을 쓸 때, 저는 강했던 것 같아요. 어떤 글도, 『소란』처럼은 쓸 수 없을 거라는 생각이 듭니다.

『소란』은 '어림'을 사랑하는 사람을 위한 책입니다. '어림'에는 여림, 맑음, 유치, 투명, 슬픔, 위험, 열렬, 치졸, 두려움, 그리고 맹목의 사랑 따위가 쉽게 들러붙죠. 나이가 들수록 우리가 비

껴 앉게 되는 것, 피하거나 못 본 척하거나 떨어뜨려 두려고 하는 것들이요. 진짜 삶은 '어림'이 깃든 시절에 있는 줄도 모르고, 우리는 어림에서 멀어집니다.

저는 '어림'을 아낍니다. 놓고 싶지 않아요. 늙어 죽을 때가 되어도 몸 어느 구석에는 여전히 '어림'이 붙어 있길 바랍니다. "어린애같이 왜 저런담", 끝내 이런 말을 듣고 싶어요.

당신이 '어림의 시절'을 지나고 있다면, 모든 '어림'을 애틋해하는 사람이라면 이 책을 돌보듯 읽을 수 있을 거예요. 어림을 돌보듯이.

당시 겨우 시집 두 권을 낸, 무지렁이가 쓴 글을 사랑해준 독자들이 많습니다. 그분들께 코가 무릎에 닿도록 허리를 구부려 인사드립니다. 당신들의 우정, 조건 없는 지지와 응원이 저를 쓰는 사람으로 살게 합니다. 고맙습니다.

선뜻 첫 산문집을 받아준 '북노마드'의 윤동희 대표와 첫 편집을 맡아주었던 김민채 편집자, 새 표지와 편집으로 『소란』에 날개를 달아준 '난다'의 김민정 시인과 유성원 대리의 사랑에도 감사를 전합니다.

앞으로 제 계획은 '쓰고 있기에 행복한 사람'이 되는 것입니다. 말하고 싶지 않을 땐 시 쪽으로, 말하고 싶을 땐 산문 쪽으로 방향을 틀면서.

소란한 시절, 당신의 '어림'에 제 어린 마음을 보냅니다.

2020년 3월 파주에서
박연준

초판 서문

모든 소란은
고요를 기를 수 있다

결국 가는 봄의 등뒤에 대고 지껄이던 버릇을 버리지 못했습니다.

당신이 가볍고 투명한 '소란들'을 반쯤 접힌 귀로 무심히 들어주었으면 좋겠습니다. 어떤 소란은 누군가의 등뒤에서 잔잔해지기도, 어여뻐지기도 합니다.

앞은 부끄럽습니다. 등을 보고 있을 때가 좋습니다.

오늘 있었던 일입니다. 커피와 치즈 케이크를 테이블에 올려놓고 먹는데, 하루살이가 음식에 날아들었습니다. 케이크 주변을 맴돌아서 손을 휘저어 쫓아내려 했지만 쫓아지지가 않았습니다. 약이 올라 포크를 휘두르며 좀더 공격적으로 대처했습니다. 하루살이는 포크를 피해 케이크와 접시 위에 번갈아 앉으며 수비에 열을 올렸습니다. 안 되겠서서 휴지로 잡아보려고(죽여보려고), 적극적으로 손을 움직였습니다. 급기야 하루살이가 접시 아래로 숨어버렸고, 휴지를 움켜쥔 저는 접시를 번쩍 들어올렸는데! 접시 위에 있던 포크 두 개가 요란한 소리를 내며 떨어졌습니다. 이 광경이 무척 우습다고 생각하기도 전에, 하루살이의 웃음소리가 들리는 것 같았습니다. 하루살이는 얼이 빠진 제 표정을 바라보더니, 유유히 사라졌습니다. '미소를 흘리며' 사라진 게 분명하다고, 생각했습니다.

오늘 일화에 '가벼운 소란'이라는 이름을 붙이고, 혼자 커피를 마실 때마다 생각할 것입니다. 작은 것과 싸울 때조차 포크를 휘두르던 제 모습이 떠올라 멋쩍게 웃을 것입니다.

이 일이 '오늘 겪은 가장 큰일'이었습니다. 이런 생각이 들었거

든요. 모든 소란은 고요를 기를 수 있는 힘이 있다고. 모든 소란은 결국 뭐라도 얻을 수 있게 해줍니다. 하루살이의 미소 같은 것.

괜찮아요. 우리가 겪은 모든 소란騷亂은 우리의 소란巢卵이 될 테니까요.

2014년 가을 서울에서

박연준

차례

개정판 서문 '어림'을 사랑하는 일 8
초판 서문 모든 소란은 고요를 기를 수 있다 14

1부   누가 사랑에 빠진 자를 말릴 수 있겠어요?

서쪽, 입술 24

바둑돌 속에 잠긴 애인 29

하필何必, 이라는 말 32

당신이 아프다 41

손톱 걸음 45

통화중 51

사랑이 어긋났을 때 취하는 두 가지 태도 53

비자나무숲 56

나는 나를 어디에서 빨면 좋을까? 64

일곱 살 클레멘타인 66

2부 나는 안녕한지, 잘 지내는지

첫, 80
서른 83
겨울 바다, 껍질 88
그보다 나는 안녕한지 94
뱀같이 꼬인 인생일지라도 97
바보 이반을 사랑하는 마음으로 100
이파리들 108
요리하는 일요일 110
완창完唱에 대하여 114
사과는 맛있어 117
오후 4시를 기보記譜함 120
모란 일기—토지문화관에서 124

3부 시는 가만히 '있다'

당신의 부러진 안경다리 *132*
똥을 두고 온 적도, 두고 온 똥이 된 적도 있다 *135*
글쓰기의 두려움 *141*
도레미파솔라'시'도 속에 잠긴 시詩 *147*
하이힐―사랑에 출구는 없다 *151*
청국장은 지지 않는다 *157*
꼭지 *160*
음경 *164*
잠지 *166*
계단 *168*
꿈 *171*
코―감기전感氣傳 *174*
고양이 *177*
춤, 말보다 앞선 언어 *179*

4부 방금 태어난 눈물은 모두 과거에 빚지고 있다

슬픔은 슬픔대로 즐겁다 190
고모 방 197
할머니 201
잃어버린 것들은 모두 유년에 가 산다 205
내 침대 아래 죽음이 잠들어 있다 209
봄비 216
신발 가게 219
겨울은 사라지는 것이 아니라 녹는 것이다 221
12월, 머뭇거리며 돌아가는 달 223
가는 봄에게 목례를—죽은 아빠에게 227
느리게 오는 것들 233

1부

**누가 사랑에 빠진 자를
말릴 수 있겠어요?**

서쪽, 입술

서쪽은 기울어가는 것들이 마지막을 기대는 곳이다. 태양과 늙은 봄과 호리병 속에 잠긴 몇 송이 꽃이 공들여 기우는 곳. 토지문화관에서 내 방은 서쪽이었다.

방에 들어설 때 첫 느낌은 어둑하다는 것이었다. 창이 난 쪽이 나무가 우거진데다 서향이었으므로 빛이 가난한 방이었다. 며칠 지나지 않아 방에 정이 갔다. 4시와 5시 사이, 창문으로 빛이 쏟아질 때 바닥에 이는 일렁임이 좋았다. 뒤늦게 들어오는 빛은 하루를 다 비추고 남은, 하루치 잉여분이었다. 태양이 스러지기 전 빛의 부스러기들.

생각이 삐죽하게 곤두서는 저녁도 서쪽에 머물다 사라진 빛의 열기를 덮으면 따뜻했다. 나는 대체로 날카롭고 서툴렀지만 방은 침착하고 둥글고 낮았다. 궁합이 잘 맞았다. 방 안에서는 헤매지 않았다.

잠들기 직전이나 곤히 자다 깬 새벽, 방에 들어온 귀신의 기척을 느낀 적도 있었다. 머리칼이 쭈뼛 서게 무서웠지만 귀신이나 이 방이 자리잡은 땅은 나보다 오래되었고 진짜 주인은 내가 아닐지도 모른다고 생각하며 겁을 떨쳐냈다. 우리는 서로에게 스쳐지나가는 존재일 뿐이라고 생각했다. 귀신은 완전히 기울지 못해 흐릿해진 역사, 운 나쁜 어둠, 막막함으로 옷을 해 입은 기체의 형상일 뿐이다.

애기똥풀 몇 송이와 아직 봉오리인 채로 피어나지 않은 작약 한 송이는 내 방에 사는 봄의 유일한 증인들이었다. 조개가 입을 벌리듯 작약은 조금씩 벌어졌고, 애기똥풀은 피었다 지기를 반복했다. 일찍 피어난 꽃은 일찍 졌고, 늦게 피어난 꽃은 늦게 졌다. 당연한 일이었지만 깨달음을 얻은 것처럼 오래 생각했다.

봄은 화려한 색으로 소리를 대신했다. 피고 지는 데 이토록 조용한 생명들이라니! 내가 피었다 지느라 소란할 때도 꽃들은 반복이라는 눈을 끔뻑일 뿐 조용했다. 꽃과 계절의 반복을 보며 관성 속에서 싹트는 아름다움에 대해 생각했다. 꽃들은 서쪽을 향해 모가지를 드리우고 잘 자랐다. 자랐다는 말은 어울리지 않을지도 모르겠다. 꽃들은 발이 묶인 채 가까스로, 시드는 순간을 최대한 유예시키고 있었으니까. 물과 햇빛과 서쪽 창이 그들을 머금고 있었다. 꽃은 약하지 않았다. 오래 머물다 시들려고 애쓰는 것만으로 충분히 강하고 독립적으로 보였다. 독립적으로 살다 간 꽃이 종이처럼 부스러져갈 때, 불로도 동요하지 않는 아름다움을 볼 때 마음은 슬프다.

꽃과 달리 우리의 얼굴은 '오래된 얼굴'이다. 시간은 몰래 얼굴에 금을 긋고 도망간다. 나는 시간이 그리다 만 미완성작, 완성은 내가 사라진 후 누군가의 기억 속에서나 이루어질 것이다. 살아 있는 한 그것은 조금씩 유예되겠지. 유예 불가능한 완성은 하루를 사용하고 식어가는 태양뿐인가? 고개를 들면 창밖으로 하루가 스러지는 풍경.

 몇 해 전 동물원에 갔을 때 동물원에 내리는 저녁이 꼭 '서쪽' 같다고 생각했다. 사방이 어둑해졌고 관람객들의 귀가를 안내하는 방송이 나왔다. 쓸쓸하게 굽은 등으로 어둠 속에 서 있는 동물들을 뒤로하고 걸어나와야 했다. 신산한 마음으로 터벅터벅 걸어가면서 나는 그 동물원에 뭔가를 두고 나왔다. 색이 흐려지는 동물들뿐 아니라 어둑해지는 풍경 속에 뭔가를 더 두고 왔다. 뭐냐고 물으면 어떻게 대답해야 할지 막막하지만 해가 지날수록 그때 동물원에 뭔가를 두고 왔다는 생각은 더욱 확고해졌다. 무엇일까? 무엇을 두고 왔기에 아직까지 이렇게 허전할까?

 나는 기울어지는 것들만 골라서 사랑하는 유별난 취미가 있고, 그것은 천성이나 성격과 관계된 일일지도 모르겠다. 방은 서쪽, 사람은 어깨가 한쪽으로 조금 기운 사람, 꽃은 말없이 피고 지는 모든 꽃, 꿈은 파닥이다 사그라지는 꿈이 좋다.

서쪽 방에서 기울어지는 것을 생각하는 일은 달 속에서 음지 식물을 기르는 기분과 조금은 비슷할지 모른다. 가만히 앉아 있으면 기울어지는 모든 것의 목뒤에, 입술을 대고 싶어진다.

바둑돌 속에 잠긴 애인

애인은 바둑을 좋아한다. 그는 대체로 검거나 하얗다.

컴퓨터 모니터에 바투 앉아 인터넷 바둑을 두는 애인은 둥근 생각으로 뭉쳐 있다. 둥근 어깨와 둥근 턱과 둥근 등을 보이며 바둑판 위를 서성인다. 검은 돌과 흰 돌을 상대방과 교대로 하나씩 내려놓는 일에 그의 짧은 시간과 긴 시간, 가벼운 생각과 무거운 생각, 눈 깜빡임과 눈을 깜빡이지 않고 골몰해 있는 행위가 고스란히 담긴다.

침묵 전쟁이다. 포성은 없고, 바둑돌을 내려놓을 때 울리는 '경쾌하고 단단한 소리'만 들린다. 어제보다 자란 수염—날마다 용감해지는 얼굴에 난 뿌리, 놀라운 관성—은 그를 무사로 만들어주는 옷이다. 세상에서 가장 짧은 옷. 희고 검은 돌들은 내려앉았다 돌연 사라지기도 하며 그의 애를 태운다. 돌들은 편평하고 조용한 집이 되기 위해 알 수 없는 형상으로, 조심스럽게 뻗어나간다.

 모가지를 길게 빼고 앉아 수를 생각하는 사람. 햇살이 그의 콧등 위에 내려앉아 논다. 내가 로댕이라면 몸에 햇살이 고인, 저 남자를 조각해볼 텐데. 따뜻한 생각이 시나브로 쌓이는 시절.

 그가 이길 때는 팡파르와 박수를 받고, 질 때는 방귀 소리를 비틀어놓은 것 같은 우스꽝스러운 음악 속에서 한숨을 쉰다. 패했을 때 나는 소리는 꽤나 민망해 나는 짐짓 못 들은 척한다. 터진 꽈리의 그림자가, 벽에 튄다.

 바둑을 두는 사람을 지켜보는 동안 나도 돌들 사이에 몰래 섞여 앉아본다. 그가 무심히 나를 집어 바둑판에 툭, 앉히기도 한다. 취해 있는 사람아, 당신의 고개가 꺾인 것을 바라보다 내가 꺾여도, 나는 시들지 않을 텐데. 꺾인 채로 기다래지는 사랑을 위해, 노래하는 버드나무가 되어 밤과 낮을 지새울 텐데.

그는 한 무더기 돌과 함께 열반에 든다. 입가에 무심한 행복이 맺힌다.

가끔 걱정이 될 때가 있다. 그가 너무 집중한 나머지, 작아지고 작아져 바둑돌이 되면 어쩌지? 수많은 검정 돌과 흰 돌 사이에서 그를 잘 골라낼 수 있을까?

하필何必, 이라는 말

당신에게.

아침에 장대비 내리는 소리에 놀라 잠에서 깼습니다. 누가 창문에다 도토리 수천 알을 쏟아붓는 것처럼 요란한 소리가 들렸거든요. 눈을 제대로 뜨지도 못한 채 침대에서 일어나 베란다로 나갔습니다. 우려했던 것처럼 난 이파리가 거센 빗줄기에 맞아 휘청대고 있었지요. 마룻바닥에 난을 내려놓으니 몸에서 뚝뚝 떨어지는 빗물을 닦아내며, 숨을 고르는 것처럼 보이더군요. 고맙다는 인사 같은 건 없지요. 그냥 나 혼자 저를 어여삐 여기며 꿈결인가, 하며 바라보았어요.

장마예요. 길고 지루한.

어릴 땐 습하고 눅눅한 기운 때문에 장마가 싫었는데 요새는 퍽 좋아합니다. 장마 때 혼자 집에 가만히 앉아 빗소리를 듣고 있으면 왠지 은둔자가 된 것같이 느껴지거든요. 누군가에게 쫓기다가 비로소 숨을 만한 곳을 겨우 찾은 은둔자의 긴장 섞인 안도감, 이어 느껴지는 조금의 지루함과 피로. 이런 기분 재미있잖아요?

새우처럼 등을 말고 누워 당신을 생각합니다. 사실, 편지를 시작하기가 힘들었어요. 예전의 당신과 내 모습을 회상해보다 왠지 치아 사이로 스산한 바람이 들어오는 것 같아 입을 꾹 다물기도 했어요. 꼬박 보름을 망설이다 이렇게 펜을 들었네요.

아마도 어리석고 철없던 내 모습을 떠올리는 일이 그리 기분 좋지만은 않은 까닭이겠지요. 그때 나는 어렸고, 오래 죽어 있었고, 가끔 살아나면 소란스러웠지요. 당신은 나를 오래 보았죠. 물 밖에 내놓은 물고기처럼 파닥이며 요동치던 나를 알아봤지요. 하필.

하필이라고 말을 하고 보니 참 좋네요. 어찌할 수 없음, 속절없음이 사랑의 속성일 테니까. 사랑을 표현하기에 이보다 더 적절한 단어가 있을까 싶네요. 내가 당신을 사랑한 것은 어찌할 수 없었기 때문이라고 고백할게요.

바보 같은 생각일지도 모르지만, 가끔 이런 생각이 들어요. 850년 전 개암나무 그늘 아래서 낮잠을 자다 개암 한 알이 이마에 톡 떨어져 그만 잠에서 깨어났는데, 그때 알았다고요. 먼 먼 훗날, 내가 당신을 만나 사랑에 빠지고 오래 어두워질 거라는 사실을요. 실제로 당신을 만나고 퍽 좋았던 나는 어찌할 도리 없어, 흙속에 두 손을 깊이 넣었던 것 같아요. 열 개의 손톱에 흙이 촘촘히 박히고, 축축하고 부드러운 흙냄새가 손가락 사이사이를 파고들고요. 흙은 손을 부드럽게 덮어주었고, 그게 내 사랑의 뿌리가 되었지요. 나는 주저앉은 채로 자랐고, 기어코 초록이 되었고, 꽃도 피웠지요.

그래요. 나는 사랑이 자신의 몸을 통째로 써서 나무를 심는 일이라고 생각했어요. 그토록 오랫동안 당신에게서 빠져나오지 못한 것도 나무의 견고한 부동성 때문이겠지요. 그건 '깊은 일'이었던 것 같아요. 제대로 설명할 순 없지만요.

헤어지고 나서 혼자 방안을 둘러보며 당신이 앉았던 자리를 손바닥으로 더듬어보았지요. 내 손, 잘린 사랑의 뿌리로 자리를 더듬어보며 바랐던 것 같아요. 당신이 내내 생생하기를. 그래서 어여쁘기를. 그 시절 혼자 괴로워하다 참기 힘들어지면, 이런 제 심경을 친구한테 메일로 전한 적도 있었는데요. 그때 메일을 보니 나는 이렇게 썼더군요.

그 사람이 너무 빨리 늙지 않았으면 좋겠어.
내가 만진 몸 구석구석이 너무 빨리 사그라지지 않고 내내 건강하기를 바라.
나와 별개로, 다른 곳에서, 다른 생각을 하며 내내 생생하게 나쁘기를 바라.
나는 그 사람 삶이 캄캄하고 축축하다는 걸 모르지 않아.

나는 지나치게 나이를 많이 먹지 못했다는 비밀을 하나 갖고 있지만,
사실은 굉장히 늙었단다.
사람들은 모르지, 내 백발을.

가끔 그 사람의 생각이 들려.
그리고 귀를 잊지.
사랑했었던 것 같아.
달리 할말은 없어.

가끔 당신 생각이 들려 귀를 잊으려 했지요. 나보다 훨씬 커진 내 귀를 고흐처럼 자를 수 없으니까 잊으려고, 잊기 위해 애썼던 거겠지요. 참, 속절없는 일인데 말이죠. 그러나 얼마나 다행이에요. 시간은 흐르고, 잊으려 애쓰지 않아도 귀는 작아지고 우리는 떨어져 있어 서로를 다시, 똑바로 바라볼 수 있었을 테니까요. 나에게는 정말 중요한 시간들이었고, 퍽 도움이 됐던 경험이었어요. 진심입니다.

기억해요? 당신이 생각보다 어두운 사람이었기 때문에 나는 자주 나뭇잎에 매달려 끈질기게 초록, 초록이 되려고 애썼던 일이요. 나는 다 기억해요. 당신이 내 앞에서 문고리처럼 도드라졌던 것. 아주 딱딱하고 화난 것처럼. 나는 놀라서 당신을 비틀어 잡았고, 문이 열렸고, 그때부터 당신은 내 속으로 수없이 이양되었죠. 나중에는 열린 문을 어떻게 닫아야 할지 몰라 오래 방황했어요. 당신을 비우려고, 비우려고 애를 써도 잘 안 됐던 것. 이양된 당신이 너무 많았기 때문일 수도, 혹은 내가 너무 어렸기 때문일 수도, 혹은 당신이 나를 멀리서 너무 꽉 붙들고 있었기 때문일 수도.

맞아요. 난 이파리가 거센 비를 피하지 못해 휘청거렸듯이 나도 한 시절 당신에게 호되게 빠져 휘청거린 적 있었네요. 그때 나를 누군가가 번쩍 들어 다른 곳으로 옮겨놓았다면, 아마 그 사람을 증오했을 거예요. 누가 사랑에 빠진 자를 말릴 수 있겠어요? 운명론자는 아니지만, 나는 사람마다 각자 경험하고 지나가야 할 일정량의 고유 경험치가 존재한다고 믿거든요. 다 겪지 못하면 다음으로 못 넘어가는 거죠. 당신을 사랑하고, 또

헤어지던 순간은 꼭 필요한 경험이었어요. 그 일을 나는 긍정합니다.

마르그리트 뒤라스는 사람을 일컬어 "한밤중에 펼쳐진 책"이라고 했다는데, 나도 당신도 서로의 밤에 침입해 어느 페이지부터랄 것도 없이, 손에 잡히는 대로 열렬히 서로를 읽어나간 거겠죠. 내게는 사랑에 대한 첫 독서가 당신이란 책이었고, 행복했고 열렬했어요. 어느 페이지는 다 외워버렸고, 어느 페이지는 찢어 없앴고, 어느 페이지는 슬퍼서 두 번 다시 들여다보고 싶지 않지만 어쨌든 즐거웠습니다.

이제 나는 사랑이 흙속 깊이 손을 파묻어 뿌리로 삼고, 스스로 나무가 되어 피어나는 일이라고 믿지 않아요. 그런 사랑은 평생에 딱 한 번뿐일 테니까요. 그보다 사랑은 연약한 뿌리, 공중에서 부유하는 뿌리를 서로 보듬어주는 일이라고 생각해요. 사랑의 뿌리는 아주 약하고 흔들리고 움직이기도 하지만, 마음과 마음이 서로 잘 포개지면 그 뿌리를 공중에서도 오래 붙들고 살아갈 수 있다고 믿을래요. 그게 더 진짜 같아요. 누가 사랑을 한곳에 심을 수 있겠어요?

이 말을 쓰고 나서 혼자 활짝 웃습니다. 사랑은 한곳에 심을 수 없는 일이란 것을 생각한 내가 마음에 듭니다.

편지를 다 쓰고 나니 비가 멈추었네요. 장마가 지나고 나면 여름은 더 맹렬하게 푸른 독을 뿜어내겠죠? 다행이에요. 계절이 반복된다는 사실에 위안을 받습니다. 여름이 가을에게 잡아먹히면 그다음은 차가운 미소를 짓는 겨울이 기다리고 있을 테니, 안심이에요. 자꾸 잡아먹혀도 완전히 사라지는 게 아닐 거예요.

당신, 죽지 말아요. 생생하게 살아 나를 기쁘게 해주세요. 언제나 당신을 가슴 깊이에서 응원합니다. 항상 내 안부를 걱정해주는 당신, 내내 평안하고 행복하기를 바랍니다.

우리는 과거와 현재를 지나 미래에 당도해 있는 연인.

안녕.

2013년 여름

귀한 연꽃 향을 담아

당신이 아프다

아픈 사람을 보고 있는 일은 생로병사生老病死란 비밀이 담긴 (비밀만도 아닌 비밀) 밀주 한잔을 마시는 일이다. 언제까지 마시느냐, 아픈 사람이 다 나을 때까지 마셔야 한다. 만일 누군가가 죽는 날까지 계속 아플 수밖에 없는 운명이라면 그 사람을 대할 때만큼은 내내, '무거운' 잔을 내려놓을 수 없다.

내가 사랑하는 사람 중 몇 사람은 아팠고, 몇 사람은 상당히 많이 아팠으며, 몇 사람은 아파하다 죽었다. 그들을 대할 때 내 마음은 어땠을까? 표현하긴 힘들지만 '불안하고 무거웠다'고 말하면 어느 정도는 맞을 것이다. 아파하는 정도가 커지면 사랑하는 사람이 죽을까봐 겁났고, 아파하는 정도가 잦아들면 언제 다시 아픔이 커질지 몰라 불안했다.

아픈 사람은 아픔에 고삐가 매여 있는 자이다. 간이 안 좋은 사람은 뱃속에 커다란 간이 웅크리고 있는 것을 적극적으로 느낀다. 암이 있는 사람들은 암이 있다고 짐작되는 자리가 돌연 커지고 묵직해지고 완연해져 병에 잠식된다. 큰 병이 아니더라도 자잘하게 아픈 곳이 생기면 그 자리에 몸과 마음이 묶여 오도 가도 못하게 된다.

어느 겨울 당신이 아팠다. 열이 끓었고, 얼굴이 홍시처럼 달아올랐다. 땀으로 머리카락이 젖고 숨소리도 불규칙했다. 땀을 닦아주고, 부채질을 해주었지만 나아지지 않았다. 나는 먼 곳에서 노 없는 배가 부질없이 흘러가는 풍경을 바라보듯, 당신을 보았다. 해줄 것이 없어 무력했다. 바람이 배의 방향을 다스려 기슭에 데려다주길 바라는 심정으로 기다릴 수밖에 없었다.

사랑하는 사람이 아프면 심장이 쪼그라든다. 사랑하는 자는 무릎을 꿇는 자가 아니라, 무릎이 꺾이는 자다.

먼 훗날 당신이 많이 아파 내 무릎이 꺾이는 날이 올지도 모르겠지만, 나뭇가지가 눈의 무게를 못 이겨 꺾이듯 그런 것은 아니면 좋겠다. 오히려 새벽을 생각하는 아버지가 저문 언덕에서 구절초 무리를 보려고 숙인 모가지처럼, 딱 그 모가지처럼 꺾였으면 좋겠다. 그때가 되면 내 양 무릎을 당신 쪽으로 내놓고, 꺾인다는 것을 기꺼워할 수 있을까?

앓고 난 뒤 수척해진 얼굴로 맞이하는 새벽, 땀과 소변과 열로 독소를 몽땅 비워내 가벼워진 몸을 느끼는 것은 나쁘지 않다. 새로 살 기운을 담기 위해 빈 항아리처럼 몸을 내놓고 앉아 있는 일. 헛헛해진 속을 비집고 솟아오르는 허기와 건강을 돌보겠다는 다짐, 자신에게 고정되어 있던 시선을 창밖으로 돌릴 수 있을 만큼 넓어진 마음. 아무것도 가진 게 없어 평화로운 얼굴. 이 모든 것이 '새것'을 데려다준다.

실컷 아프고 난 당신이 파리해진 새 얼굴과 막 태어난 '작은 의욕'을 가지고 창밖을 내다볼 때 산다는 것은 '의지를 갖고' 사는 일임을 깨닫는다. 병은 이겨내야 할 게 아니라 지혜롭게 겪다, 보내야 하는 것이다. 그다음 새로워지는 것은 선물 같은 일.

그러나 누구도, 너무 많이는 아프지 않았으면 좋겠다.

손톱 걸음

> 그의 모자가 점점 멀어져
>
> 나비가 될 때까지
>
> 그를 쳐다보네.
>
> —치요니

  그를 생각하는 일과 그의 모자를 생각하는 일은 다르다. 그러나 그가 내게서 멀어지며 다른 곳으로 이동할 때, 그의 모자가 나비가 되는 것은 무슨 연유일까? 나비가 흔들리며 번지는 것은? 기어코 점이 되어 사라지는데, 포기하지 않고 보려는 눈의 힘은 어디서 나오는 걸까?

보는 것과 바라보는 것은 다르다. '바라보다'라 함은 시선을 떼지 않고, 공들여 바로 본다는 것이니까. 다른 모든 것을 제외하고 한곳을 선택한다는 뜻이며, 눈과 마음과 몸이 합작하여 (대상을) 바라 (대상을) 보는 일이다.

자주 그를 바라보았다.

나무 그늘 아래서 딱정벌레 가는 길을 바라보듯, 점선을 그리며 이곳에서 저곳으로 이동하는 벌레의 바쁜 다리를 보듯, 그를 바라보았다. 시선은 산책이 되었다. 의미 없이, 습관처럼, 멈추지 않고 흐르는 작은 걸음들. 눈을 감고 생각만으로 그를 좇는 산책.

그를 생각하는 일을 '손톱 걸음'이라고 불렀다. 손끝이 눈을 시켜, 생각을 걷게 하는 일이니까.

그는 밤의 바다을 손으로 쓸면서 달렸다. 손가락이 펄럭이다 나뭇잎과 섞이는 줄도 모르고, 지문이 냇물에 풀어져 물에 지도가 생기는 줄도 모르고. 공중에서 많은 책이 도미노처럼 쓰러졌다가 스스로 일어서기를 반복했다. 책들은 자연처럼, 피고 졌다. 그가 달리자 지구의 자전이 반시간 정도 느려졌다. 지구는 그의 손바닥이 일으키는 마찰 때문에 한숨을 쉬었다. 사람들은 손바닥이 일으키는 마찰을 일컬어 '그의 일'이라고 불렀고, 사람들의 말대로라면 그는 자주 그리고 오래, 일하는 사람이었다.

그는 곱슬머리였다. 코는 기다란 뱀을 토막 내 가장 곧고 짧은 토막을 얹어놓은 것처럼 보였고, 입술은 무방비 상태에서 열리고 닫히는 가로로 긴 창문 같았다. 그는 가늘게 떴을 때의 눈과 동그랗게 떴을 때의 눈, 화가 나 치켜떴을 때 눈이 모두 달랐고 모두 아름다웠다. 이마는 저녁의 고원처럼 차가웠으며 평화로워 보였다. 나는 그의 얼굴에서 특별히 이마와 코가 좋았다. 눈은 불안할 때 들여다보고 싶었는데, 보고 있으면 불안의 심지가 조금씩 녹는 기분이 들었다.

그는 바이올린 소리로 이루어진 음악을 좋아했고, 무언가를 찾아 헤매듯 걸었으며, 걸음을 돌연 멈출 때는 생각하던 것을 잠시 내려놓고 느긋하게 허리를 폈다. 생각은 그의 안과 밖에서 커지고 작아지며 독특한 형태를 이루었다. 나는 그의 생각이 모여 이루는 형상이 좋았다. 모양과 선의 굵기가 좋았다. 퍼져나가는 힘이 좋았다. 그는 독서를 좋아했는데 책을 생각하고 책을 미워하고 책을 예찬하다 책 속에 들어가 숨기도 했다. 책은 그가 세상을 보는 네모난 창이자 가벼운 우주였다. 그가 책을 사랑하는 이유는 현실 속에 진정한 친구나 스승, 마음을 나눌 동료가 없기 때문이 아닐까, 나는 종종 생각했다.

그는 아침에는 가벼운 파랑, 점심에는 묵직한 노랑, 저녁에는 구불거리는 갈색이 되었다. 구절초와 칼국수와 바다를 좋아했고, 단단한 돌멩이처럼 건강했으며 빠른 동작 속에 느림을 품고 있었다. 걱정이 생길 때면 걱정을 돌돌 말아 배낭의 작은 주머니에 넣어두고는, 꼼짝 못하게 만들 줄도 알았다. 걱정은 납작하게 접혀 희미해졌다.

그는 '인내심'을 요하는 것들을 두루 잘했고 하고 싶다고 생각한 일은 거의 해치우는 편에 속했다. 그는 짜고 맵고 달고 시고 썼지만, 세로로 길게 찢어 입속에 넣으면 몸속에서 활달한 피로 바뀌는 음식이 되었다.

그를 생각하며 손톱 걸음을 걸을 때면, 모래알처럼 쏟아지고 싶었다. 모래는 흩어져 구르겠지만 한번 젖으면 깊이 무거워진다. 한 사람을 생각하며, 충분히 무거워질 수 있을까. 어느만큼을 무겁다고 해야 하나? 손톱 걸음이 느려질 때 눈을 감으면, 대숲의 잎사귀들이 이런 노래를 불러줄 것 같다.

   한 남자를 사랑하는 일은
   그의 육체와 정신, 영혼뿐 아니라
   장점과 강점, 눈부심이나 의협심뿐 아니라

   비겁함과 비루함
   어두운 미래와 헝클어진 과거,
   때와 땀과 똥을

똑같이!

사랑하는 일이란다.

바다가 뒤척이는 것은 바다가 덜 무겁기 때문

사랑이 뒤척이는 것은 사랑이 덜 무겁기 때문

이런 노래를 지어 속으로 흥얼거려보며, 손톱 걸음을 걷는 날. 아무래도 한 남자를 생각하는 일은 그냥 그대로 충분히 좋은 일.

자주 그를, 바라보았다.

통화중

속상해, 라는 말은 이상하지.
속삭이는 것 같잖아요.

내가 아프기 전에
당신이 곪아 있을지도 모른다는 생각,
달이 반 뼘 정도 상해 있습니다.

나는 왜 샅을 적실까요?
나는 왜 당신의 껍질만 먹을까요?
나는 왜 껍질처럼 질겨질까요?

귀는 길게 자라 당나귀 귀를 넘어버리고,
나는 비밀을 덮고 잠들겠습니다.

"여름도 이제 거의 다 읽혔어."
당신이 혼잣말하고

한동안 시를 못 쓴 나는
시 곁을 기웃거리기만 했습니다.
괜찮아요.
그 일도 시의 한 부분일 거예요.

뱀에게 물리기 전에
당신도 나를 사랑했으면 좋겠어요.

사랑이 어긋났을 때
취하는 두 가지 태도

기다림

정수리를 기점으로 오른쪽이 아프다. 무거운 것에 짓눌린 느낌이 목까지 이어진다. 하늘에 걸려 있는 것들은 구름이 아니고, 해가 아니고, 달이 아니다. 풍경은 배경이 되고, 시간은 나를 누르며 흘러간다.

시간이라는 무형의 감옥에 갇혀, 기다리는 사람은 자신이 기다리고 있다는 사실을 모른다. 나무, 꽃, 지나가는 별을 보지 못한다.

영혼은 발목만 두고 사라졌다. 없는 머리통과 없는 가슴과

팔, 허벅지, 없는 보지와 없는 무릎을 발목이 견딘다. 발목만이 견딘다. 기다리는 사람은 발목이 견디고 있다는 사실조차 알지 못한 채 커피를 마시고 걸어다니고, 전화를 하고, 책을 읽는다. 그러나 발목은 안다. 아무것도 움직이고 있지 않다는 사실을. **발목만이 안다.**

기다림은 끝나지 않는다. 사라질 뿐이다. 어느 날, 기다리는 사람 모르게 혼자 남은 발목이 조용히, 떠나버린다.

찾기
찾는 사람은 빙글빙글 도는 사람이다. 장소와 시간을 더듬고 훑고 재빨리 스쳐지나가며 빠른 시간 내에 풍경을 도태시킨다.

찾는 사람은 기다리는 사람과 이란성쌍둥이다. 그들은 선반 위에 놓여 있는 유리컵과 조약돌이다. 한쪽은 깨지기 쉽고, 다른 쪽은 깨지기 힘들다.

찾는 사람에게 시간은 축지법으로 뛰어다니는 투명인간이다.

뛰어다닌다는 사실을 알고는 있지만 볼 수는 없다. 흐르는 시간이란 '자연스러운 시간'인 데 반해 찾는 사람에게 시간은 절뚝이는 시간, 무릎이 까이고 발목이 벗겨지는 시간이다. 찾는 사람의 입속은 습기가 없는 땅, 갈라진 무덤이다. 밤과 슬픔이 급속도로 자라나는 **메마른 동굴**이다.

찾고 있는 것을 발견했을 때 찾는 사람은 찾아다녔던 사람, 혹은 무력한 사람으로 변한다. 짧아지는 미래를 덮고 허리케인처럼 모든 것을 한꺼번에 날려버리기도 한다. 한편 끝내 찾는 것에 실패한 사람은 시무룩한 돋보기처럼 볼록한 슬픔을 간직하게 된다. 볼 안쪽에 혹을 숨긴 채 평생 살아간다.

비자나무숲

 어떻게 말해야 할지 모르겠다. 다만 무거운 시소가 있다면, 그것을 버리기에 비자나무숲만한 장소가 없다는 얘기를 하고 싶다. 진실은 언제나 약간의 거짓을 품고 있는 법이다. 어쩌면 내가 생각하는 것은 진실이 아닐지도 모르고, 만약 진실을 원한다면 거짓의 활약이 필요할지도 모르겠다. D는 거짓과 진실로 점철된 내 인생의 한 조각, 작지만 또렷한 조각이었다.

 D와의 관계는 일종의 '시소 타기' 같았다. 한쪽이 내려앉으면 다른 쪽은 공중에서 흔들리는 발을 보며 미소 지었다. 우리는 높이를 달리하며 자주 엉켰고 한쪽이 이유 없이 가벼워지기도, 무거워지기도 했다. 우리는 시소를 타고 있다는 사실을 모르는

채 시소를 탔다. 시소는 보이지 않았으나 완벽했고, 즐거움을 주었다. 간혹 둘 중 한 명이 시소에서 떨어지기도 했는데, 중력의 법칙처럼 자연스럽게 여겼다. 우리는 반복 속에서 길들여졌고 시소를 완전히 떠난 적은 한 번도 없었다.

 오랜 시간 동안, D는 대부분 여자친구가 있었고 나도 애인이 있었다. 우리는 시소 위에서 서로의 애인에 대해 얘기했고, 애인들과는 할 수 없는 얘기까지 털어놓았다. 나는 D의 가족이나 친구들도 모르는 그만의 동굴을 알고 있었으며 그 속에서 D가 어떤 식으로 우는지도 알았다. D는 내 뽀족한 성격과 바닥에서 천장까지 파동 치는 기분의 주파수를 파악했다. 나에 대해 시시콜한 것까지 알고 있었고, 적절한 시기에 위로나 칭찬, 농담을 건네 나를 웃게 할 줄도 알았다. 사람들은 우리에게 단지 '친구' 사이인가를 물었고, 그때마다 우리는 고개를 저으며 웃었다. 15년 동안이나 친구였고 앞으로 150년 동안 친구로 지낼 예정이라고 말하며. 가끔 D가 익살맞은 표정을 지으며 덧붙이기도 했다. 우리는 신화에 나오는 '복희 남매'일지도 모른다고.

D는 새침하고 도도했다. 귀하게 자란 사람들에게서 풍기는 권태로움과 여유가 몸 곳곳에 배어 있었다. 약간의 사시斜視를 가지고 있었고 턱을 치켜들고 눈은 살짝 내리깔면서 얘기하는 버릇이 있었다. 팔꿈치에는 나무옹이 같은 흉터가 있었고, 왼쪽 쇄골 위에 새끼손톱만한 까만 점이 박혀 있었다. D는 큰 키와 굵은 다리 때문에 겨우 남자처럼 보였다. 어쩌면 그는 남자 색깔을 입혀놓은 여자였을지도 모르겠다.

D가 꽃이라면 웬만해서는 봉오리를 벌리지 않는 꽃일 것이다. 기다란 모가지와 보랏빛 꽃잎이 아름다워 사람들의 주목을 받지만, 웬일인지 활짝 피는 것은 어려워하는 꽃. 나비나 벌들이 몰려와 그를 구경하고 만지면 그들에게 미소를 짓다 지치는 꽃에 가까울 것이다.

D가 책이라면 235페이지의 진실과 6페이지의 거짓, 30페이지의 비밀로 이루어진 책일 것이다. 잠이 오지 않는 밤, 불을 켜고 앉아 소리 내어 읽고 싶은 소설, 가령 아모스 오즈의 『나의 미카엘』같은 책 말이다.

D가 수학자라면 두뇌 회전이 빨라 계산은 정확히 해내지만, 존재하는 이론의 테두리를 결코 벗어나고 싶어하지 않는 소극적인 수학자일 것이다. 학회에서 사람들을 놀라게 하는 학설을 발표하는 대신 고개를 끄덕이며 편하게 들을 수 있는 이론을 발표하는 수학자.

나는 D를 한 번도 가져본 적이 없었고, 그건 D도 마찬가지였다. 그러나 우리는 어쩌면 생각보다 깊이 서로를 소유하고 있었는지도 모르겠다. 언젠가 그가 결혼을 약속했던 여자와 헤어지던 날 밤, 나는 등허리를 둥글게 말고 침대 끝에 앉아 그를 둘러싼 크고 작은 슬픔에 대해 상상했다. 새끼발가락에 박힌 조그만 발톱을 마치 작고 단단한 비밀을 문지르듯, 오래 문질렀다. 수그린 자세로 공이 되어 그가 방황하는 시간을 같이 굴러다녔다.

나는 D에게 일어나는 모든 일을 가장 빨리 아는 사람이었다. 그에게 안 좋은 일이 생기면 그를 시소 높은 곳에 올려놓았고 진정될 때까지 아래로 내려주지 않았다.

시소 위에서 때때로 D의 머리카락을 만지기도 했다. 내밀 수 없는 팔을 내밀기도 했고, 잘린 팔을 선물하기도 했다. D의 젖은 머리카락과 말라서 푸석해진 머리카락들. 손가락 사이에 넣고 흔들어보면 해초처럼 순하게 기울어지던 선線들이 기억난다. 결국 남는 것은 디테일이다. 윤곽이 흐릿해져도 모서리는 무너지지 않는다.

이별에는 두 종류가 있다. 광장 한복판에서 브라스밴드의 음악을 들으며 하는 이별과 꽃기린의 꽃이 피었다 지는 속도로 천천히 다가오는 이별. D와 나의 이별은 후자였고 당시에는 이별을 인지하지 못했다. 시간이 흘러 우리가 시소에서 내려와 있다는 사실을 알았고, 그때 그 시소가 지금은 사라졌다는 것을 깨달았다. 때로 시소가 침대보다 가혹하기 때문에 우리 둘 중 한 명은, 어쩌면 둘이 사이좋게, 마음 한구석이 아렸을지도 모르겠다.

딱 한 번 D를 다시 만난 적이 있다. 제주도 비자나무숲에서였다. 그는 반달만큼 어두워져 있었는데, 지난날 D가 흐린 해에 가까웠다면 비자나무숲에서 그의 모습은 반달만큼 어두워 보였다는 뜻이다. 비자나무숲에 내리는 햇빛과 바람, 800년 이상을 초록으로 서 있던 거대한 나무들도 D를 빛나게 해주진 않았다.

우리는 비자나무 아래 숨은 버섯처럼 말없이 서 있었다. 그 옛날 우리가 그늘에 대해 진지했으며 뿌리에 대해 어느 정도는 비겁했다는 식의 이야기는 하지 않았다. D는 비자나무와 남쪽과 바람에 대해 이야기했고, 나는 나무의 나이와 냄새, 참을성에 대해 얘기했다.

11월이었다. 나뭇잎은 아직 싱싱하게 매달려 있었지만 여름의 초록에 비해 어두워져 있었다. 좁은 길로 들어서자 화산송이가 깔린 흙길이 나왔다. 길은 숲을 흐르는 붉은 강처럼 보였다. 나는 D에게 흙을 맨발로 밟아보지 않겠냐고 물었고 그는 웃으면서, 맨발은 추울 거라고 대답했다. 구두를 벗어 양손에 하나씩 들고 흙 위에 발을 올려놓았다. 살아 있는 동물의 평편한 등을 밟는 느낌이었다. 얇은 스타킹 아래로 느껴지는 차갑고

습한 기운이 온몸에 전해졌다. 발바닥에서 시작해 수직으로 몸을 통과하는 흙냄새가 몸을 반으로 가르듯 강렬하게 느껴졌다. 발이 차가워지자 몸에 난 구멍들이 옴짝거렸다. 스타킹은 발과 흙 사이를 막아주는 얇은 막 역할을 했다. 한 알갱이의 흙도 발을 침범하진 못했지만 감촉은 선명했다.

"내 발이 흙을 만진 걸까?"
D는 내 물음을 듣지 못했다.

그날 우리는 비자나무 아래에서 마지막 시소를 탔고, 시소를 두고 왔다.

D를 생각하면 지금도 슬픔을 압지押紙로 누르는 것 같은 기분이 든다. 압지에 눌린 슬픔은 번지려다 실패한다. 목적을 잃고 자연스럽게 날아간다. D를 위해서라면 슬픔이 번져서도, 슬픔의 이유를 분명히 알아서도 안 된다. 이유를 찾기 시작하면 모든 것을, 정말로, 잃어버릴 것 같기 때문이다.

지금 나는 비를 기다리고 있다. 비는 다른 곳에서 시작해 이곳으로 오고 있다. 끝내 몸이 젖은 비자나무들이 진저리를 치며, 많은 것을 숨겨주겠지.

나는 나를
어디에서 빨면 좋을까요?

모르겠습니다. 정말입니다. 모르겠어요.

지금 앉아 있는 의자와 입고 있는 옷, 내가 만나는 사람들과 사랑하는 사람들, 외로울 때 발을 적시는 강, 피곤한 몸을 담그는 대중목욕탕, 꺾어 신은 보라색 운동화, 줄기차게 씹어대는 밥알과 어느 날 보고 넋을 빼앗긴 붉은 밥풀떼기 꽃, 차갑고 건강한 스마트폰, 오후에 등을 보이고 조는 책들, 섬유 유연제 냄새와 엉겨붙은 빨래. 모두 같이 부대끼고 살아서 행복한 걸까요? 나는 행복한가요? 우리는 이대로 좋은 걸까요?

하늘에서 누군가가 정답지를 들고 있다면, 혀를 쯧쯧 차면서 고개를 내젓는 것은 아닐까요?

어느 겨울밤, 비밀로 얼룩진 생각들을 한데 모아 죄다 버렸습니다. 그런데 이런, 잘못 알고 있었어요. '비밀'이란 도대체 버림을 당하는 것이 아니더군요. 코웃음 치며 다시 곁에 돌아와 앉더군요. 끈질기게 살아남더군요.

옆에 두고 싶은 것과 버리고 싶은 것 사이에서 시소를 타다 자주 떨어집니다. 냉수를 마시다 문득 고개를 돌리니 창문 밖으로 바람을 걸친 유령들이 지나갑니다. 이쪽을 보고도 못 본 체하는군요. 얽히면 골치 아프겠다, 생각하나보군요.

모르겠습니다.

나는 나를 어디에서 빨면 좋을까요? 내가 잘 빨리기는 할까요?

잘 빨아 넌 나는 무슨 색깔일까요?

일곱 살 클레멘타인●

　수요일이다. 안개가, 작은 안개가, 큰 안개가, 형태도 없는 안개들이 도처에 깔려 있다. 저 안개들은 수요일에 핀 덩치 큰 꽃 같다. 추위에 벌벌 떨고 있는 노란 은행잎들이 가까스로 나뭇가지를 붙잡고 있다. 저것들 이제 모조리 떨어지겠지? 아직은 떨어지고 싶지 않다고, 애인의 차가운 발목을 붙들고 늘어지듯 울먹이는 노랑들이 안개에 젖는다.

　나는 생각한다. 내가 세상에 불쑥 돋아난 이후로, 내 생은 저

● 2008년 1월, 월간 『현대문학』에 '나의 문학과 성장 과정'이란 주제로 발표한 산문. 아버지가 돌아가시기 전 발표한 산문이고 철없는 생각에 얼굴이 붉어지지만, 이 책 한자리에 두고 싶어 망설이다 싣습니다.

떨어지기 직전 '가을 나뭇잎의 소란' 같다고.

여러 해 전 대학 수업 시간 때 「촌스럽게 생긴 풀」이란 시를 읽은 적이 있다. 그 시는 내 동기의 습작 시였는데 그때 나는 충격을 받았다. 그냥 풀도 아니고, 촌스럽게 생긴 풀이라니…… 딱 나를 두고 하는 말 같았다. 나는 촌스럽고, 수줍음 많고, 거기다가 소란스럽기까지 한 풀이다(물론 내 시는 촌스럽지 않다, 고 생각한다. 촌스러운 건 나다).

1980년 10월 25일 함박눈이 펑펑 내리던 날, 나는 태어났다. 장담하건대 태어난 이후부터 지금까지 나는 언제나 불안했다. 실제로 내가 시를 쓰는 이유는 '불안' 때문이다. 이 글을 쓰고 있는 지금도 불안하다. 도대체 뭐가 불안한가, 라고 묻는다면 할말이 없다. 나 자체가 '불안'이기 때문이다. 사랑은 자신이 왜 사랑인지 모르고, 가난은 자신이 왜 가난인지 모르듯이, 불안은 자신이 왜 불안인 줄 모른다. 다만 뿌리에서부터, 가느다란 떨림이 엉켜 있을 뿐이다. 떨림, 내게 시는 항상 떨림으로 왔다.

그러면 시는 언제부터 시작되었을까? 그것은 정확하지 않다. 몇 가지 단편적인 기억들만으로 그 시기를 가늠해볼 수 있을 뿐이다. 나는 2004년에 등단했지만 사실 그 훨씬 전부터 시인이었다. 무슨 말인가 하면 나는 아주 오래전부터 내 주위의 시적 기운을 느끼는 시인이었단 말이다. 특히 일곱 살 때.

일곱 살 때 나는 파블로 네루다보다 더 훌륭한 시인이었다고 장담한다. 그땐 시를 쓰지 않아도, 시가 나를 떠난 적이 없었다. 내 기억은 언제나 일곱 살에서 오래 머물고, 반짝인다.

일곱 살, 시를 만나다

일곱 살 때였다. 당시 나는 딱 일곱 살만큼 순진했고, 세 살 많은 사촌언니 또한 다르지 않았다. 어느 날 사촌언니의 심경에 무슨 변화가 있었는지 언니는 잠들락 말락 하는 내 몸에 손을 뻗었다. 내 내복 바지를 들추더니 별안간 팬티 속으로 손가락을 슬며시 집어넣는 것이다! 그러고는 꼭 닫혀 있던 내 비밀 장소에 손가락을 넣었다. 나는 영문을 몰라 당황했지만, 자는 척하며 움직이지 않았다. 왜냐하면 곧 뭔가 비밀스럽고 오묘한 일이 벌어질 것 같다는 예감 때문이었다.

내 예감은 사실이었다. 나는 일곱 살 계집아이 몸속으로 들어온 불순한(?) 손가락 끝에서 뭔가 특별한 것을 느꼈다. 내 앞에 떠오른 것은 구체적 이미지였는데, 아주 조용한 호수에서 한 마리 백조가 하염없이 앞으로 헤엄쳐가는 영상이었다. 백조는 작고 말이 없었으며 고고했다. 생각해보라. 방안은 캄캄하고, 여태껏 아무도 만지지 않았던 내 깊은 속살(그런 게 있는지조차 몰랐던)이 누군가에 의해 존재감을 갖게 되고, 감은 눈 속에선 목이 긴 백조가 하염없이 어딘가로 미끄러져가고.

나는 다만 아득했다. 그리고 놀라웠다. 눈을 감아도 이렇게 보이는 영상이 있구나. 세상엔 아주 많은 느낌이 있고, 그 느낌이 대체로 비밀스러울 때엔 마음이 괜히 술렁이는구나, 혼자 생각했다. 그것은 육체의 감각과는 분명히 다른 것이었다. 일곱 살 아이의 클리토리스를 문지른다고 어떤 신체적 쾌감이 생길 리 없다. 그러나 내 안에서 시무룩하게 손가락을 빨고 있던 '영혼'은 상황이 달랐다. 일곱 살이란 나이는 육체보다는 영혼이 더 영리하게 반응하는 나이다.

열 살짜리 사촌언니는 그후 흥미가 사라졌는지, 내 몸을 궁금해하지 않았지만 나는 기억한다. 그때 난 처녀를 잃었고, 선악과를 따먹었다. 순전히 타의에 의해서. 그리고 나를 침범한 것, 그것은 시였다. 오랜 시간이 지난 지금도 그때 기억, 그 강렬한 이미지가 사라지지 않는다. 그것은 손가락으로 둔갑한 시와의 대면이었기 때문이다.

예이츠는 "섹스의 비극은 영혼의 영원한 처녀성"이라고 했다. 나는 이 말에 공감한다. 일곱 살 때 이미 나는 처녀를 잃었지만 (육체적으로), 내 영혼은 시로 인해 영원한 처녀(영혼)성을 간직했다. 지금까지 나는 한 번도, 처녀를 잃어본 적 없다.

나는 육체를 통해 영혼(영원한 처녀: 시)이 깨어나는 경험을 일곱 살 때 했다. 그래서 아직도 시는 육체적인 것, 몸으로 하는 것이라고 믿는다.

시간이 오래 흐른 뒤에야 알았지만 내가 느낀 백조의 이미지—어떤 문을 열고, 또 문을 열고, 자꾸만 문을 열고, 내가 어딘가로 나아가는 듯한 느낌—는 분명 시였고, 문학으로의 등용문이었다 아주 많은 문 중에서 어느 한 문에 등을 기댔고, 내 등에 밀려 스르륵 열린 문 그것이 문학이었다. 아무런 힘도 주지 않고 다만 좋았는데, 어느새 등뒤에 펼쳐진 세계. 지금도 생각하면 가슴이 두근거린다. 그건 일곱 살만이 느낄 수 있는 시적 감성이다.

클레멘타인

역시 일곱 살 때다. 우리집 옥상에는 돗자리가 펼쳐져 있었다. 여름 저녁이면 옥상에 펼쳐진 돗자리 위에 누워, 별을 보며 노래를 부르곤 했다. 내 옆에는 피아노 학원 선생님이었던 고모와 사촌언니가 자주 함께했다. 어느 날 고모가 노래를 하나 가르쳐주었다. 〈클레멘타인〉이었다. 고모가 부른 〈클레멘타인〉. 그 노래를 어떻게 잊을 수 있을까? '여러분, 이건 정말 중대한 사건입니다!'라고 소리치고 싶다. 나는 그 구슬픈 음정과 가사를 들으며 믿을 수 없게도 눈물을 뚝뚝 흘렸던 것이다.

여름 저녁, 어느새 캄캄해져 여기저기서 별은 떠오르지, 고모와 사촌언니는 왠지 멀리멀리 있는 것처럼 느껴지지, 클레멘타인은 아버지를 남겨두고 떠나버렸지, 멜로디는 귓속에서 맴맴 울지, 감당할 수 없이 큰 슬픔이 자꾸만 밀려왔다.

순간 그 옥상에서, '7년 즈음을 산 나'는 아주 좋은 시인이었다고 확신한다. 지금도 어디선가 〈클레멘타인〉이 들려오면 엄마를 잃어버린 아이처럼 혹은 잊어버린 아이처럼, 울고 싶어진다. 그리고 시는 항시 슬픔과 조우하는 어린아이 옆에 있다.

일곱 살, 1986년은 내 감수성의 르네상스 시기였고 나는 지금도 거기서 그다지 진보하지 못했다. 그리고 그건 앞으로의 내 목표이기도 하다. 아, 아름다운 일곱 살. 너무나 많은 감정이 내 머릿속으로 들어와 뒤죽박죽이 되었고, 나는 걷잡을 수 없이 커져버린 시인의 머리를 모가지에 얹은 채, 가분수로 살게 된 것이다. 그런데 이건 기쁜 일인가, 슬픈 일인가?

참, 당시 내겐 또하나의 사건이 있었다. 바로 엄마를 갖게 된 일이다. 나는 한 번도 엄마를 가져보지 못했다가, 그 시절 새어머니를 갖게 되었다. 나는 그 이전엔 엄마라는 존재가 모두에게 하나씩 반드시 주어지는 존재는 아니라고 생각했다. 정말이다. 한 번도 이 일에 대해 의심해본 적이 없었으니, 나는 조금 아둔한 아이였던가? 옆집 영철이에겐 자전거가 있고, 내게는 씽씽이가 있듯이 우리 사촌언니와 친구들에겐 엄마가 있고, 내겐 고모가 있는 것이 그냥 의례적인 일일 거라 생각했다. 실제로 내가 엄마라는 존재에 대해 진지하게 생각하게 된 것은 엄마를 갖고 나서부터였다. 그러고 보면 꼭 누군가의 부재가 존재를 떠올리게 하는 것은 아닌가보다. 누군가의 '존재(있음)'가 '부재(없음)'를 떠올리게 하는 경우가 더 많다.

그후 수시로 '엄마'에 대해 상상했다.

아버지

우리 아버지는 정말 재밌는 사람이다. 그리고 이건 아주 중요한 이야기인데, 정말 시적이다. 문학적이다! 그러므로 나는 행복한 사람이다. 이런 문학적인 인물을 친부親父로 두고 있으니 말이다.

우리 아버지는 예술가이기도 하다. 비록 열여덟부터 딴따라로서의 충실한 삶을 사느라, 학교를 많이 빠지고, 사고를 치고, 조금 소란한 청년기를 보내 할머니 속을 새까맣게 태웠다지만…… 20년 넘는 기간 동안 밤무대에서 힘들게 연주한 아버지의 노고를 나는 인정한다. 아버지는 현충일 하루만 쉬고, 언제나 밤일을 나가셨다. 눈이 오나 비가 오나 슬프거나 기쁘거나 사람들이 춤을 추고 노래를 부르기 위해선 아버지가 필요했다.

아버지는 스물세 살에 어떤 여자의 자궁에다 나를 방사한 후(계산해봤는데, 1979년 크리스마스 때쯤이었을 것 같다. 조금 로맨틱하다!) 스물네 살 젊은 나이에 혹 하나를 붙이게 됐다. 이 점에 대해 나는 진심으로 아버지께 미안하다. 총각에게 혹이라니!

그 이후 우리는 퍽 잘 지내왔다. 그런데 내가 스물한 살이 된 이후로 많은 것이 변했다. 스물한 살 이후로, 그러니까 아버지가 심각한 정신적 병(대체로 알코올중독증과 우울증)에 걸린 이후로 항상 두 가지 고민을 갖고 살았다. 내가 아버지를 죽이게 되진 않을까, 아니면 아버지가 나를 죽이진 않을까.

우리는 정말 대단했다. 서로가 서로에게 악을 쓰며 저주를 퍼부었고, 그러다가도 사랑하는 마음이 넘쳐 서로 부둥켜안고 울고는 했다. 실제로 한번은 아버지를 죽이겠다고 마음먹고(아, 드디어 오늘 저녁 뉴스에 내가 나오겠구나) 몰래 칼을 들기도 했다. 그런데 보라. 어둠 속에서 둥그렇게 등을 말고 옆으로 누워 있는 저 거대하고 못생긴 짐승은 죽이기엔 끔찍할 정도로 가엾다. 나는 아버지의 자는 모습에서 어떤 무구함을 봤다. 모든 잠은 무구하고 약하다는 걸, 잠든 삼손의 머리털을 자른 델릴라가 되기에 나는 너무 촌스럽다는 걸 깨달았다. 나는 아버지를 죽이겠다는 계획을 철회했다. 가끔 만취한 아버지가 이불 위에서 '짜장똥'을 주르륵주르륵 쌀 때면 코를 막고, 걸레로 아버지의 종아리나 쓱쓱 닦아줄 수밖에.

그런데 술에 취한 아버지를 내가 싫어하는 가장 커다란 이유는 너무 음탕해 보이기 때문이다. 만취한 사람을 가만히 살펴보라. 그들은 세상만사 거리낄 게 없고, 마치 오르가즘에 오른 사람처럼 눈빛이 풀려 있다. 대학 다닐 때 한번은 아버지와 둘이 밥상에 앉아 있는데, 내가 이렇게 말한 적이 있다. "아빠, 있지. 나는 인생이 참 참혹하다고 생각해."

그랬더니 우리 아버지가 어떤 반응을 보인 줄 아는가? 세상에! 아주 황홀한 눈빛을 하고 숟가락을 툭 떨어뜨리며 뒤로 자빠지는(이런 표현은 쓰고 싶지 않지만) 것이다. 할 수 없이 나는 아버지를 눕히고, 떨어진 밥풀들을 꼼꼼히 치우고, 최대한 참혹한 표정을 지으면서(안 지려고!) 밥을 끝까지 다 먹었다.

이런 이야기만 하면 사람들이 오해할까봐 몇 가지 덧붙이고 싶다. 우리 아버지와 나는 사이가 퍽 좋다는 것이다. 정말이다. 특히 아버지는 세상 다른 부모와 마찬가지로 (아니 거기다 홀아비로 나를 키운 7년간의 애달픈 감정 조금 더 보태서) 나를 많이 사랑한다. 다만 너무 많이 사랑해서, 서로가 괴로운 것이다.

조금만 덜 사랑했다면 아마 나는 시를 안 썼을지 모르고(자신 없지만) 웃으면서 아버지의 모습을 관조할 수 있었을지 모른다. 하지만 너무 사랑해서 우리는 서로의 마음을 자주 할퀴어놓고는 돌아서서 운다. 이건 정말 진부한 얘기다. 하지만 사는 것은 대체로 진부하다. 우리가 살아가는 이 삶도 일종의 '습관'이지 않은가? 나는 28년째 습관적으로 살고 있다.

여전히 일곱 살

나는 아직 짧은 생을 살았다. 그리고 나에겐 일곱 살 이후로 줄곧 함께한 시가 있고, 언제나 아픈, 오히려 아픈 것이 정상인 아버지가 있다. 일곱 살 감성과 아버지는 내 시적 토대, 언제나 불안에 떠는 집이다. 나는 약하고 벌레 먹고 비루하고 떨고 있는 집이지만 이 집을 시의 거처로 삼아 산다.

나는 아직 지구에 적응하고 싶지 않다. 어린 왕자가 떠난 이후 소혹성 B612에 혼자 남은 장미는 어떤 기분이었을까? 울었을까? 얼마나 자주? 이런 궁금증이나 가슴에 품으며, 진심으로 걱정하며, 나는 아직, 일곱 살이고 싶다.

2부

나는 안녕한지, 잘 지내는지

첫,

다자이 오사무는 "교양이란, 우선, 수치스러움을 아는 것"이라고 했다. 그런 의미에서 '처음'이란 교양은 없고 열망만 가득한 계절이다.

누구나 첫 경험 땐 수치스러울 경황조차 없는 법이다. 수치심은 첫 경험 후 한 발짝 떨어져 돌아볼 때 느끼는 감정이다. 자연은 수치심이 없다. 수치심은 이미 무언가를 알아버린, 선악과를 따먹은 아담과 이브에게나 있는 것이다. 그러므로 모든 '처음'은 자연과 닮았다.

한편 아이들은 '처음'과 가깝다. 그들은 코를 후비면서도 수치스러워하지 않는다. 그저 구멍에서 무언가를 낚아올린다는 희열(낚시!)이 있을 뿐이다. 아이들이 아무 거리낌없이 코를 후비는 장면은 한 시인이 순수한 열망과 몽매함에 사로잡혀 첫 시를 낚는! 그리하여 공중으로 끌어올리는 풍경과 닮았다.

등단할 즈음에 나는 못생긴 지푸라기 인형 같았다. 『오즈의 마법사』에 나오는 허수아비처럼 맹한 얼굴을 하고 누군가가 작고 물컹한, 살아 있는 뇌를 한 덩이 가져다주기만을 바랐다. 그때 내 삶은 한 가지 생각으로 가득차, 한쪽으로 비틀려 있었다. 나는 배가 탄탄한 종마와 내 안에 가득한 말들—날것의 언어, 조금은 천박할지 모르는 비릿한 언어—을 교미시켜 마음에 쏙 드는 시를 쓰고 싶었다.

말[詩]과 말[馬]의 교미! 그 생각에 사로잡혀 낮이나 밤이나 무언가를 써댔고 흡족했다. 새롭게 태어난 말[詩]들은 내 주위를 뛰어다녔고, 나는 불안했지만 불행하진 않았다. 무언가 뜨거운 강이 속에서 흐르는 듯했다. 그건 뜨거운 강으로 변장한 내 '첫' 열망이었을까?

모든 처음은 자연스럽고, 어설퍼서 예쁘고, 단 한번이라 먹먹하기도 하다. 처음은 자신이 처음인지도 모른 채 지나가버린다. 처음은 가볍게 사라져서는 오래 기억된다.

　지금도 생각난다. 첫 시집을 내고 얼떨떨한 기분으로 양손 가득 책을 들고 집으로 돌아오던 저녁! 그리고 「얼음을 주세요」를 쓰던 날 밤, 내가 시인이 될지도 모른다는 조금의 자각도 없이, 전혀 없이, 그저 열심히 코를 파듯 연필을 쥐고 종이를 파내려가던 날 밤! 나는 어린아이처럼 수치스러움을 몰랐고, 열중했고, 시원했다. 아, 시원했다― 그 밤!

서른

가구나 장신구, 기계 따위는 30년 정도 지나면 무리 없이 골동품 대열에 낄 수 있다. 음악이나 영화, 책도 30년 묵으면 희끗한 분위기를 풍기며 반#고전 반열에 오를 수 있다. 30년 전에 담근 술이 있다면 그 술은 보약 대접을 받는다. 한눈팔지 않고 30년 동안 같은 일을 해온 사람은 전문가나 장인, 달인 취급을 받는다. 그렇다면 인생은 어떨까? 30년 동안 살아온 인생은 골동품 대열에 낄 수 있을까? 어림없다. 필립 로스의 소설 『휴먼 스테인The Human Stain』에 나오는 구절을 빌리자면, "더이상 성숙해지고 있는 것은 아니면서도 아직은 노화로 나빠지고 있는 것도 아닌" 상태로 간신히 폭이 좁은 터널 하나를 지나온 얼굴로 서 있는 나이가 서른이다.

일찍이 최승자 시인은 "이렇게 살 수도 없고 이렇게 죽을 수도 없을 때/ 서른 살은 온다"고 썼다. 스물아홉에서 서른으로 넘어가는 길목에 섰을 때, 무언가 대단한 변화가 내 몸을 관통하리라 기대했다. 이렇게 살 수도 없고 이렇게 죽을 수도 없다면(정말!) 뭔가 결단이 나겠지, 하고 생각했다. 부유하는 불안과 설불리 익어버린 슬픔으로 점철된 시간을 지나면 고요하고 참된 얼굴로 살 줄 알았다. 가벼운 발걸음으로 다닐 줄 알았다. 나이를 대표하는 숫자의 앞자리가 달라졌고, 스무 살 아이들과 열 걸음 멀어졌다는 것 외에도 인생의 계단을 여러 칸 올라가거나 내려간 것처럼 느껴졌기 때문이다.

손톱을 물어뜯으며, 서른이 오는 방식을 피할 수 없는 저주를 맞이하듯 침착하게 받아들였다. 30년을 지나는 길목에서 내가 아는 것과 알 것 같은 것과 끝내 알 수 없는 것에 대해 생각했다.

지난밤 내가 묻어둔 꽃씨들이 보고 싶어

한밤중 잠든 화분 속을 헤집어본다

다섯 개였나, 여섯 개였나

혹시 묻어두었다고 착각했었나?

어두운 과거를 핀셋으로 발라내며

이곳은 피 한 방울 없이도 생으로 가득차 있는데

기다려야 한다

가만히 방바닥에 앉아

기차가 왼쪽 귀로 들어와 오른쪽 귀로 나갈 때까지

무사히 다 지나갈 때까지

기다려야 한다

—졸시, 「서른」 부분

 서른이 넘어 내가 겨우 할 수 있게 된 것, 혹은 할 수 있어야 한다고 생각한 것은 기다리는 일이다. 무엇을 언제까지, 왜 기다리는가는 중요하지 않다. 그저 무릎을 꿇고 앉아 이해할 수 없는 일들을 두 무릎 사이로 흘려보내는 일. 눈물을 참을 수 있을 때까지 참아보는 일과 잠자코 기다리는 일이 내가 할 수 있는 전부였다. 범박하게 말하자면 좀 짜고 매워졌다고 볼 수도 있고, 참을성이 생겼다고 얘기할 수도 있겠다. 아무튼 베토벤의 〈폭풍Tempest〉을 들으며 스물다섯 때처럼 소리 내어 울면 안 될 것 같았다. 치밀어오르는 감정을 토닥토닥 두드려 재울 수 있어야 할 것 같았다. 나빠졌는가, 하고 물으면 딱히 그렇지도 않지만 좋아지지도 않았다. 가끔 양손으로 부여잡은 팔꿈치 끝에서, 그러니까 기다림의 끝에서 움이 트거나 무덤이 동그랗게 피어오르는 일도 있었지만 그뿐이었다.

여전히 나는 작은 일에도 쉽게 화가 나 평정을 잃고 방방 뛸 때가 많지만 서른이 넘었으므로 이내 괜찮은 척, 기다리는 척 한다. 마흔이 넘어서는 뭘 하는 척해야 하나? 쉰이 넘고 예순이 넘어서는? 중요한 건 생각은 갑자기 해서 되는 게 아니라는 것이다. 늘 무언가를 생각하고, 준비를 해야 어른인 '척'도 하고, 잘 사는 '척'도 하고, 사랑하는 이들을 안심시키는 '척'도 할 수 있을 테니까.

아무쪼록 잘 사는 일이란 마음이 머물고 싶어하는 것에 대해, 순간의 시간을 온전히 할애해주는 것일지 모른다. 시간을 '보내는 것'이 삶이라면 될 수 있는 한 '잘 대접해서' 보내주고 싶다.

겨울 바다, 껍질

추억 박물관

이미 흘러가버린 날들은 어디에 머무는 걸까? 몸을 부풀리던 봄도 시끄럽게 울어대던 여름도 살아 있는 건 뭐든 뚝뚝 떨어지게 하던 가을도 사라지고 없다.

겨울은 춥고, 높고, 길다.

지나간 것들만 따로 모아놓은 박물관 같은 것이 있다면 어떨까? 입장료는 순도 높은 그리움 한 덩이. 그리움이 없는 사람들은 그 박물관에 들어갈 수 없다. 박물관은 '과거'라는 무거운 짐을 가진 사람에게 방을 하나씩 제공한다. 나이가 많은 사람에겐 젊은 사람보다 더 큰 방이 주어질 것이다. 흘려보낸 것이 더 많을 테니까. 그들은 젊은 사람들보다 그곳에 더 자주 들를지도 모른다. 콧수염을 기르고 중절모를 쓰고 손수건으로 이마에 맺힌 땀을 콕콕 찍으며, 아침부터 저녁까지 박물관에서 나오지 않을지도 모른다. 박물관을 지키는 문지기는 귀가 커다란 흰 백합들.

박물관 속 내 방에 들어가면 무엇을 보게 될까? 학창 시절 친구에게서 받은 쪽지들이나 하도 많이 읽어 귀퉁이가 너덜너덜해진 동화책, 서른 살의 아버지가 여섯 살의 내 손을 잡고 구멍가게에 가는 풍경, 벤치에 앉아 있는데 무릎으로 툭, 떨어지던 노란 은행잎 한 장—무릎에 노란 멍이 들게 한, 그 멍을 보고 비로소 가을이 왔구나, 가슴 철렁하게 만든—을 볼 수 있을지도 모르겠다. 어쩌면 오래전 낙산사에 올라 바라본 비 맞는 동해 바다를 볼 수 있을지도. 떨어지는 빗소리를 듣던 스무 살의 나는 박물관을 거닐며 과거를 반추하는 '이쪽'의 나에게 어떤 표정을 지을까?

추억은 (없는) 박물관에나 가야 볼 수 있겠지만, 괜찮다. 바다는 언제나 충만하게 일렁일 테니까. 나도 모르게 흘러버린, 완전히 사라진 것들이 그리울 때면 편지를 쓰고 싶어진다. 편지지를 선택할 수 있다면 출렁이는 겨울 바다 한 장을 북, 찢겠다.

겨울 바다, 껍질로 출렁이는 밤

겨울은 살아 있는 모든 것들에게 혹독한 계절이다. 내가 할 수 있는 일은 그저 이 추위가 지나가길 묵묵히 기다리는 것뿐이다. 잎을 다 떨어뜨려 황량해진 겨울나무들도 맨몸으로 서서 기다린다. 곤충들 중에는 알이나 고치 속에 들어가 긴 겨울을 버티는 것들도 있다. 그 속에서 그들은 자신이 무엇을 기다리고 있는지 모를 것이다.

기다림에 심취해 있는 것들은 자신이 무얼 기다리고 있는지 모른다. 오래 기다리다보면 혜안을 갖게 되거나 변태할지도 모른다고, 저기 기다림의 고수가 오고 있다. 나이를 가늠할 수 없는, 속눈썹 끝까지 꼼꼼히 늙은 겨울 바다 한 채가 온다. 차가운 공기를 가르고, 노련한 구두를 신고, 지혜의 열쇠를 주러 오고 있다.

이렇게 일렁이는 종이는 처음이다. 놀랄 일도 아니다. 눈앞에 있는 것은 겨울 바다 한 장이니까. 바다 위에 글을 쓰려면 손가락들의 멀미를 각오해야 한다. 조금 천천히 써야 할 것이다.

봄 바다, 여름 바다, 가을 바다가 실컷 뒤척이고 일어서고 달리고 사랑하다 몸 벗어놓고 어딘가로 사라졌을 때, 그 벗어놓은 껍질이 겨울 바다다. 저 일렁이는 껍질, 큰 핀셋으로 들어올리려 해도 여간해서는 걷어낼 수 없는 커다란 껍질! 시무룩한 표정으로 일렁이는 겨울 바다는 얼마나 캄캄한가, 겨울 바다는 껍질로 출렁이는 밤이다.

겨울 바다는 쓸쓸해 보인다. 지난 기억을 품고, 이제 스스로 한껏 늙어 지혜로워진 바다다. 여러 날에 걸쳐 건고하게 늙어가는 겨울 바다, 흰 수염에는 태양의 나이테가 그려져 있다. 바다는 지금보다 더 추운 날을 견디기 위해 잠잠해지기도 하는데, 어쩌면 잠깐씩 죽어 있는지도 모른다. 그렇지 않고서야 바람이

저리도 불안해하며 바다를 흔들어 깨울 리 없다. 바람은 애절하게, 지친 기색도 없이 바다를 졸라댄다. 바다는 열반에 든 와상처럼 희미한 미소를 지은 채 눈을 감고 있을 뿐, 여간해서는 일어나지 않는다. 오래 뒤척이다 잠깐 실눈을 뜨기도 하지만, 대체로 입을 꼭 다문 채 일렁인다. 바다가 죽지 않았다는 증거를 그 희미한 미소에서 찾을 수밖에 없다.

  마음이 고단할 때, 어디 내장 기관 깊숙한 곳에 구멍이라도 하나 뚫린 것처럼 몸속에서 자꾸 휘파람 소리가 들릴 때, 겨울 바다에 가고 싶어진다. 가서 속에 고여 있는 온갖 찌꺼기들을 눈 하나 깜짝하지 않고 휙, 던지고 싶다. 바다는 넙죽넙죽 폐기된 마음들을 집어삼킬 것이다. 투정하지 않을 것이다. 엎질러진 머리칼들이 시원하게 뺨을 때려줄 때, 뺨이 투명한 생채기로 물들 때, 위안을 받을 수 있겠지. 때론 말없이 그저 고요하게 자리를 지켜주는 것이 정말 고마운 일이란 생각이 든다. 바다는 날마다 새로운 귀를 준비하고, 밤마다 무거워진 귀를 털어내는 고단한 작업을 하면서도 한 번도 찡그리지 않는다.

수평선처럼 길게 누워 흘러가는 일

우리는 저마다 작은 바다를 가지고 있다. 내 몸에 작은 바다가 살고 있음을, 그리하여 본능적으로 큰 바다와 함께 흐르고 싶어함을 알겠다. 감정이 격해질 때 눈물을 흘리는 것도, 그 눈물이 짠 이유도 모두 바다 때문이다.

마음이 크게 휘어질 때나 폭풍처럼 달려가 어디 높은 벼랑에서 아래를 향해 훌쩍 뛰어내리고 싶을 때가 있다는 사실에 놀랄 필요가 없다. 몸속에 사는 작은 바다가 성이 나 요동치고 있는 것이니까. 그럴 때는 그냥 어디 평평한 곳에 누워 작은 바다가 얌전해질 때까지 기다리는 것이 좋다. 수평선처럼 길게 누워야 한다. 큰 바다와 합류하여 흘러가는 일을 상상해야 한다.

그보다 나는 안녕한지

긴 여행에서 돌아오는 친구를 마중하기 위해 인천공항으로 가는 길이었다. 퇴근 시간 전이라 전동차 안은 한산했지만, 장마철인 탓에 공기가 눅눅했다. 사람들은 마치 귀찮은 껍질을 벗어놓듯 자리에 앉자마자 우산을 아무렇게나 팽개쳐놓았다. 손수건으로 젖은 무릎을 대강 털어내고는 발치에 우산을 부려놓고 앉았다.

얼마 지나지 않아 몸집이 제법 큰 아저씨가 일행과 전동차 안으로 들어와 내 옆에 앉았다. 나는 옆을 의식하지 않고 읽고 있던 책에 집중했다. 옆자리가 뭔가 산만한 느낌이 들어 곁눈질로 흘깃 보니 불룩한 배를 내밀고 앉은 아저씨가 고개를 두리번거리며 불안정한 모습을 보였다. 왠지 아저씨가 원피스 아래로 드러난 내 다리를 보려는 것 같았다. 느낌만이 아니었다. 조금 있으니 아예 대놓고 내 다리를 향해 고개를 수그렸다. '변태를 만났구나!' 하고 생각하며, 제대로 혼쭐을 내주려고 고개를 들어 있는 힘껏 째려봤다.

"아직도 우산 때문에 기분이 상해 있는 거예요? 찾아봐도 없었으니까 기분 풀어요. 이따 내려서 우리 우산 같이 사는 거예요. 네?"

그때 같이 온 여자분이 아저씨를 위로했다. 나는 적지 않게 당황했는데, 말을 하고 있는 여자분을 제외한 일행 모두가 지체장애를 가지고 있었기 때문이다. 자기 우산을 소중하게 꼭 쥔 일행이 동정심 가득한 표정으로 아저씨를 바라보고 있었다. 성추행이라도 당한 듯 뾰족해져서 화를 내려고 했던 나는 제대로 상황을 보지도 않고 화를 품은 스스로가 부끄러웠다. 아저씨는 내 몸을 훔쳐보려던 게 아니라 단지 잃어버린 우산을 애타게 찾고 있을 뿐이었다.

우산을 잃어버렸다고 진정으로 속상해하던 때가 언제였지? 나는 우산보다 더 중요한 것들을 잃고 살면서도 멀쩡한 얼굴로 잘도 걸어다니고 있는 것은 아닐까? 아직 마음이 말랑했을 때 되풀이해 읽던 『어린 왕자』의 한 구절이 떠오른다. "비밀을 가르쳐줄게. 아주 간단한 거야. 오직 마음으로 보아야 잘 보인다는 거야. 가장 중요한 건 눈에 보이지 않아."

건조한 세상에서 눈뜬 맹인으로 살지 않겠다고 다짐하던 나는 안녕한지, 잘 지내는지, 자신이 없다.

뱀같이 꼬인 인생일지라도

 양지에 발을 들이는 일이 내겐 가장 어려운 일이었다. 가족이든 사랑이든 생각이든 바르고 멀쩡하게 생긴 것, 온화하고 근사한 것, 떳떳하고 따뜻한 것, 좌우대칭에 맞춰 균형을 이루는 것이 힘들었다.

 음악으로 말하자면 언제나 단조인. 장조로 흘러가다가도 정신 차리고 보면 여전히 단조를 노래하는, 낮은음자리표와 16분쉼표들의 숨가쁜 행진. 전깃줄로 말하자면 얼키설키 얽혀 참새들이 앉기 싫어하는 자리. 방으로 따지자면 볕은 가난하고 곰팡이만 승승장구 번식하는 곳.

이를테면 나는 서자, 변방, 덤, 가시랭이, 꽃받침, 맹장 같은 존재다. 중심이나 주인공이 아닌, 원래 있으면 안 되는 것이 불룩 생긴 것. 말하자면 혹 같은, 둘 곳이 없어 잠시 얹어둔 존재 같은 것. 왜 그러냐고 물으면 할말이 많으면서도 할말이 없다. 그냥 그런 것이다.

그러나 나쁘지만은 않았다. 봄은 공평하니 낮고 음침하고 축축한 곳에도 내려와 간혹 고개를 쳐든 음지식물들과 마주하기도 하니까. '곰팡이도 꽃처럼' 피어나는 거니까.

말하자면 달의 반쪽을 덮고 자던 날들이 내 생활인 것인데 시간은 흘러 '겹'을 만들고 '겹'은 자라나 뭉텅이인 삶을 만들어 그 삶이 조금씩 달라지기도 하더란 얘기다. 몸 어느 자리는 습기가 빠져 제법 뽀송해지기도 하더란 말이다.

삶에 있어 영원한 양지도 영원한 음지도 없다. 걸음걸이가 땅을 만든다. 운동화를 신고 마른 흙길을 걸어가다보면 알 수 있다. 짜부라진 개구리나 백발을 휘날리며 시드는 중인 할미꽃,

흙탕물에서 꼬물꼬물 뒹구는 올챙이, 자동차 바퀴에 옆구리가 터져 죽은 새끼 뱀도 제각각 자기 구역에서 열심히 살았다. 죽고 사는 건 모두 팔자소관. 주어진 제 몫을 열심히 살아내기만 하면 된다.

희망 따위는 있어도 그만 없어도 그만이다. 걷다가 운동화에 묻은 마른 흙을 털고, 맨발과 젖은 뿌리를 공들여 말리면 된다. 양지바른 길에서 둥근 무릎을 쉬게 하면 된다.

생각대로 되는 것이 없는 삶에 싫증이 나 어느 날은 헝클어진 머리를 쥐어뜯으며 술에 취하기도 하겠지만 어쩌랴, 다 팔자소관이란 말이다(이렇게 생각하고 나면 모든 게 괜찮아진다). 휘청휘청, 기필코 내게 기어오겠다는 기다란 뱀 같은 팔자를 긍정해야지! 즐겁게 피리라도 불며, 환영해야지.

뱀이라, 이왕 뱀이라면 제대로 길고 축축한 뱀으로 오너라! 삶이여! 똬리를 튼 내 모양을 잘 보거라. 나는 행복한 독을 품은 뱀이란다!

바보 이반을
사랑하는 마음으로

 미나, 모란이 다 졌어. 봄날이 가는 것이 못 견디겠는 날이 있는가 하면 기다림의 힘으로 살아봐야지 하는 날도 있더라. 지금은 후자야. 기다림을 지팡이 삼아 가는 봄을 배웅하며, 힘내야지.

 기억해? 우리 예전에 술 마시면서 서로를 두고 바보 이반이라고 놀려대며 웃은 적 있지? 못 당한다며. 무식하게 앞만 보고 간다고. 그리고 우리는 서로 바보 이반이 참 좋다고 했지.

 손해 보는 사람들, 좀 느린 사람들, 에둘러 가는 사람들, 도무지 부자가 되지 못하는 사람들, 마음이 약해 세상에 잘 속는 사람들, 사랑할 때 순정한 사람들, 꼼수를 부리지 못하는 사람들, 속은 줄 알아도 허허 웃거나 고개를 숙이고 울 뿐 뭘 못하는 사람들, 허리가 호미처럼 굽어도 쉬지 않고 농사를 짓는 사람들, 김수영의 시구에 나오는 "요강, 망건, 장죽, 종묘상, 장전, 구리개 약방, 신전, 피혁점, 곰보, 애꾸, 애 못 낳는 여자, 무식쟁이"(김수영 「거대한 뿌리」 중에서)에 속하는 이들 말이야!

우리는 이들을 정말 사랑하지? 사랑 안 하고 못 배기지? 세상의 잣대로 보자면 그들은 그냥 '약자'라고 불리겠지. 그런데 그거 살 만한 사람들, 가르치려는 사람들, 기득권층이 편의상 이름 붙인 거 아닌가? '약자'라는 말도 불쾌해. 우리는 그냥 우리식대로 '바보 이반'이라고 부르자. 세상에는 바보 이반들이 꽤 있고, 그들이 있어 아직 죽을 만큼 나쁘지 않은 거겠지.

얼마 전 어버이날을 맞이해, 미나가 오랜만에 충청도 청양으로 친정 나들이를 간다고 했지. 잘 다녀오라고 메시지를 주고받은 지 하루가 지났을까. 미나에게서 연락이 왔어. 앞으로 더더욱 친정에 못 가겠다며 엉엉 울었지. 연유를 물으니 시골에서 농사짓는 부모님이 전보다 더욱 연로해지셔서 그 모습을 차마 제대로 볼 수가 없다고 했어. 평생 한 번을 편하게 쉬지 못하고 형벌처럼 농사일에 매달려 허리가 꼬부라지고 종아리가 나뭇가지처럼 가늘어진 부모님 모습을 보며 마음이 오죽했을까. 눈물이 핑 돌아 혼났어. 미나는 늙은 소처럼 비쩍 말라 절뚝이는 모습이 지워지지 않는다고, 한동안 힘들 거라고 말했지.

부모님을 뵙고 돌아오는 차 안에서 퉁퉁 부은 눈으로 가슴에 자글거리는 돌멩이들을 다독이느라 애썼을 거야. 전에 내가 얘기한 적 있지? 김민기의 노래 〈서울로 가는 길〉을 듣고 아침부터 소주 한잔을 하며 눈물을 흘렸다는 어느 소설가 이야기. "나 떠나면 누가 할까, 늙으신 부모 모실까. 서울로 가는 길이 왜 이리도 멀으냐."

이런 가사가 나오는 노래인데, 정좌하고 들어보면 꽤 눈물이 나. 미나도 들으면 눈물을 참기 힘들 거야. 게다가 김민기의 목소리. 기대 자고 싶은 그 목소리는 왜 그리 슬프고 묵직한 거야.

미나는 울다가 말했지. "철없는 생각이지만 차라리 고아였으면 좋겠어."

다른 부모 반만이라도 건강하고 잘 사셨으면 좋겠다는 미나의 마음을 이해해. 아버지가 살아 계실 때 내 마음도 그랬던 것 같아. 쉰 두부처럼 묽게 상한 아버지. 신생아처럼 누워 죽음을 기다리던 아버지. 아버지는 침울한 목소리로 살고 싶지 않다고 했지. 조용한 목소리였어. 그때마다 나 또한 고아라면 좋겠다고 생각했어. 철없이. 고아라면 누구 때문에 이렇게 가슴이 아프진 않을 거라고 이를 갈았지. 사랑하니까. 너무나 사랑하니까 가난하고 약하고 땅벌레처럼 납작 엎드려 사는 저이들이 못 견디겠는 거지.

미나, 우리는 착하고 여리고 언제나 패배하는 부모를 만나 얼마나 다행이야. 사랑하고 속상해하고 찢어질 가슴이라도 있어 시를 쓰며 살게 됐잖아. 울지 말자.

세상에는 더 많이 가지려고 남들을 밟고 경쟁해서 기어코 위에 올라선 사람들이 있지만, 올라서서 자기가 뭐라도 되는 줄 알고 광대처럼 방방 뛰는 사람들도 있지만 풀잎 뒤에 붙어 그늘보다 더 어둡게 살다가 사라지는 이들도 많지. 세상이 무어라든 그냥 묵묵히 아래를 보고 걷는 사람들, 미나 부모님처럼 허리가 호미가 되어 온몸으로 밭을 갈다 늙는 사람들 말이야. 그들은 누가 뭐래도 아름다운 바보 이반이고, 세상에 필요한 사람들이야. 그들이 얼마나 순결한지.

나는 언제나 바보 이반이 이긴다고 생각해. 세상을 살리는 것은 바보 이반들이야. 그들의 슬픔과 그들의 한이 노래를 살게 하고, 세상을 적셔준다고 믿어. 우리도 가능한 한 오래도록 '바보 이반'으로 살자. 하지만 그게 얼마나 어려운지!

내 아버지는 제대로 패배한 사람이었지. 순하게 늙고, 완전하게 패배하고 싶어했고 결국은 성공했으니까. 대학 때는 이를 악물고 아버지의 저 패배주의를 절대로 닮지 않겠다고, 패배주의를 증오한다고 치를 떨었지. 요새는 이런 생각이 들어. 도대체, 제대로 패배하기란 얼마나 어려운가! 그렇지 않아?

오래전 알코올중독자들이 있는 폐쇄병동으로 아버지를 면회 갔을 때 말이야. 휴게실에서 아버지를 만났는데, 아버지의 등 뒤편에서 맨발로 탁구를 치다 나를 보려고 뛰어나오던 아저씨들을 봤어. 아버지는 웃으며 '내 똘마니'들이라고 장난스럽게 소개했어. 난 한심하단 눈빛을 담아 그들을 쳐다봤지. 그런데 그중 한 사람이 해사한 표정으로 말하더라. "형님이 딸 시집을 보여주면서 자랑 많이 하세요."

얼굴이 확 달아오르면서, 네, 하고 얼른 고개를 숙였는데 마음이 이상하더라. 나는 매번 아버지를 구박하기만 했는데. 아버지는 이곳에서 맨발로 뛰어다니는 저 바보 이반들하고 우르르 몰려가 담배를 피우고, 우르르 몰려가 종이학을 접으며, 갇혀서, 갇혀서, 갇혀 있으면서까지 날 자랑했다니. 내가 뭐라고.

얘기를 더 나누다 일어서려는데 아버지는 내가 남긴 믹스커피를 보더니 더 마시지 않겠냐고 묻는 거야. 생각 없다고, 이제 가봐야 한다고 말하며 일어서는데 아버지가 종이컵에 담긴 내

커피를 선 채로 조금씩 나눠 다 마시더라고. 마음이 싸하게 아파서, 안에 커피도 없냐고 괜히 짜증을 부리고 말았어. 아버지는 쭈뼛쭈뼛 손을 흔들고 나를 배웅했고 철문이 닫혔지. 늘 그렇듯이 닫혔어. 돌아서서 나오는데, 일요일이라고 안에서 노래자랑을 열었나봐. 마이크를 잡은 누군가가 〈고래사냥〉을 불러 재껴. 등뒤로 철문은 굳게 닫히지, 아버지는 '또' 갇혀 있지, 자 떠나자고, 〈고래사냥〉은 흘러나오지. 정말 죽겠더라. 얼마나 울면서 길을 걸었던지.

미나, 일본의 영화감독이자 배우인 기타노 다케시가 그랬다지? "가족이란 누가 보지 않는다면 갖다 버리고 싶은 존재"라고. 그 말을 듣고 얼마나 웃었던지. 맘 놓고 웃을 수만은 없지만. 그만큼 힘들고 아픈 존재란 말이겠지.

미나, 우리는 에둘러 가자. 급하지 않게 돌아서 가자. 사랑하는 사람들이 마음을 아프게 해도 그거 다 달게 받자. 세상은 모든 알코올중독자에게 관대해야 해. 세상은 모든 농부에게 절해야 해. 세상은 모든 바보 이반을 사랑해야 해.

잘 살자, 미나.

곁에서 함께 울고 웃으며 응원할게. 안녕.

2014년 봄

축축한 파랑을 널어 말리며

이파리들

사랑이 편애라면, 나는 4월의 나무 이파리들을 편애한다.

꽃 진 다음 이파리가 주인공이라고 외치듯, 막 태어난 색깔인 듯 화사하게 빛난다. 아직은 떨어질 일이 없다고, 아마 영영 없을 거라고 자신하는 저 몸짓! 앳된 얼굴. 자전거를 막 배운 아이처럼 생동하는 움직임!

눈물이나 떨어짐, 기우는 일 따위는 모르는 듯 떨다 웃다 선명해지는 저 잎사귀들.

저건 어느 나라 사파이어지?

그늘마저 화사한 4월의 나무들! 좋다. 참 좋다!

요리하는 일요일

"삶은 날씨고 삶은 식사다."
—제임스 설터

일요일이다. 집은 말끔하게 청소되어 있고, 창문은 반짝반짝 윤이 나고, 실내를 감싸는 우아한 클래식 음악이 틀어져 있다면 좋겠지만 현실은 그렇지가 않다. 담요와 쿠션으로 어지럽혀진 거실 소파에서 눈곱도 떼지 않은 얼굴로 드러누워 사과 한 알을 깨물어 먹는다. 배가 고프다. 간절하게 바란다고 해서 맛있는 음식이 걸어나와 '부디 저희를 먹어주세요'라고 말하는 일은 일어나지 않는다. 옆에 있는 친구도 눈빛으로 배고픔을 호소한다. 어쩔 수 없다. 무언가 먹을 것을 좀 만들어보기로 한다.

요리는 상황에 따라 매번 다른 멜로디가 연주되는 음악회다. 이 음악회에서 가장 수고하는 사람은 총괄 지휘자인 요리하는 사람이다. 요리하는 사람은 지휘봉 대신 칼과 냄비와 뒤집개를 바꿔 잡아가며 음악을 연주한다. 단골로 참여하는 악기들은 양파, 마늘, 올리브유, 감자, 당근, 애호박 등이다. 요리가 완성되면 음악은 돌연 끝난다. 청중은 귓속에 맴도는 소리의 여운을 느끼며, 사라졌지만 여전히 존재하는—덩어리로 놓여 있는—음악을 추억하며 침묵 속에서 음식을 먹어야 한다.

지금보다 요리에 서툴렀을 때는 요리를 '대단한 완성품을 향해 나아가는 여정'이라고 착각했다. 조금 익숙해졌을 때는 요리란 '재료들을 잘라 한꺼번에 섞은 후, 지지거나 볶거나 끓이는 것'이라 정의하며 건방을 떨었다. 그러다 (여전히 미숙하지만) 요즘에는 요리란 '재료를 알고, 파악하기'에서 시작해 '재료를 서로 어우러지게 곁에 놓아주는 것'으로 끝나는 일이 아닐까 생각한다. 요리에서 중요한 것은 재료와의 대화, 재료와의 소통이다.

처음 칼을 잡고 재료를 손질하면서는 왜 이 요리에 마늘이 들어가야 하는지, 양파와 양배추의 역할은 무엇인지 잘 알지 못했는데 요새는 알게 되었다. 가령 돼지 목살을 삶아낼 육수를 만들면서, 양파와 마늘과 생강과 대파에게 이렇게 말을 할 수 있게 되었다. "너희의 향을 마음껏 내뿜어 고기의 잡냄새를 꼭 잡아주기를 바란다. 임무를 잘 수행할 수 있지?" 끓는 물에 돼지 목살을 넣고는 마지막으로 커피 한 숟가락을 투척하며 "실은 네가 오늘의 하이라이트, 비밀 병기다! 임무를 완벽히 마무리하도록!" 이렇게 외치는 내 모습, 조금은 괜찮은 아마추어 요리사—생계형 요리사—의 모습 아닐까?

때로 요리를 하다 생각이 먼 곳으로 나아가기도 하고, 가까운 곳으로 모아지기도 한다. 양파 껍질을 벗기다 생각이 동그란 타원형을 타고 미끄러져, 옛날 어머니가 서 있던 폭이 좁은 부엌에 도착하기도 한다. 무언가를 보글보글 끓이던 어머니의 작은 등을 가만히 바라보다 오는 것이다. 그런가 하면 멸치 육수에서 나온 거품을 걷어내다 멸치는 왜 이렇게 거품을 내뿜을 정도로 화가 났을까, 끝내 진액만 쏙 우려먹고 버려지는 자기 신세에 부글부글 화가 난 걸까, 하는 우스운 생각도 든다.

등뒤로 느껴지는 누군가의 '느긋한 기다림'도 요리의 즐거움 중 하나다. 저쪽에서 기대를 품고 기다리는 소중한 사람(대개 소중한 사람에게만 요리를 해주는 법). 마치 이쪽의 나와 저쪽의 당신을 연결해주는 보이지 않는 실이 있어, 동선에 따라 흔들흔들, 기분 좋게 흔들리는 것 같다.

단순히 배를 채우는 음식을 마련하는 것이 아니라 나와 재료들, 혹은 나와 요리를 기다리는 사람과의 무언의 대화가 곳곳에 배어 있다는 생각을 하니 요리하는 시간이 행복한 순간으로 바뀐다. 물론 요리를 매일같이 '일처럼' 해야 하는 사람에게는 재료와의 대화가 오래 살아 지겨워진 부부 간의 대화 같을 수도 있을 것이다. 그럴 때 우리는 요리해주는 사람에게 아무쪼록 감사하면서 공손히, 음식을 받아먹어야 할 것이다.

완창完唱에 대하여

 오랜만에 울었다. 밤이었고, 마침 아무도 없었다. 바닥과 벽이 바라보는 가운데 침대에 앉아 통곡을 했다. 엉엉 울다가 마침내! 이렇게! 마구잡이로 우는 내 얼굴 모양새가 궁금해 엉금엉금 일어나 거울 앞으로 가 쳐다보았다. 끽끽, 흐느껴 우는 내가 한심해 보이는 게 아니라, 우는 모습을 보러 기어간 내가 한심했다. (왜 이러는 걸까.)

 마음 곳곳에 스펀지처럼 구멍이 뚫린 느낌이 들었고, 그사이로 슬픔이 파고들었다. 그때 문자가 왔다. 며칠 전 친구가 기르던 고양이가 10층 아래로 떨어져 죽었다는 말을 들었고, 어떻게 위로를 해야 할지 도무지 말이 떠오르지 않아 망설였는데 친구에게서 문자가 온 것이다. "천국이 조금 더 환해졌을 거야."

친구의 문자를 받고 다시 울었다. 죽은 고양이 때문이 아니라 내 슬픔 때문이었다. 슬플 때 사람은 이기적이 된다. 오직 '나만의' 슬픔에 빠진다. 혹 동병상련의 누군가를 만났다 해도 그 사람의 슬픔을 슬퍼하기보다 '나'의 슬픔이 안타까워 위로하게 된다. 그러니 누군가의 슬픔을 위로해주려면 그때만이라도, 절대적으로 건강해야 한다.

우는 것은 마음을 청소하는 일이다. 목놓아 울었더니 얼굴 아래부터 발가락 끝까지 속을 제대로 샤워한 기분이다. 예전에는 '마음 청소'를 정말 열심히도 했다. 손가락에 꼽을 만큼 친한 친구 앞에서 마음을 푹 놓고 실컷 울어대는 일도 있었는데, 친구들은 나중에 장난삼아 그 일을 '완창完唱, 판소리의 한 마당을 처음부터 끝까지 부르는 일이라 부르며 지금까지 놀린다. 기억으로는 완창을 두 번 했는데, 한 번은 거의 다섯 시간 동안 친구 집에서, 한 번은 대충 세 시간 동안 강릉에서 울어젖혔던 것 같다. 대단했다. 노력으로는 도저히 눈물을 멈출 수가 없었다. 내 감정을 조작하는 조정자가 외부에 있는 것 같았다. 우는 모습을 짓궂은 친구가 동영상으로 찍었는데, 그 휴대전화를 찾아 한강에 던져 버리고 싶었다. 아무튼 완창은 두 번이었다.

가끔 그때가 그립다. 이제는 체력이 달려서 그리고 그만큼 슬프지가 않아서 완창을 할 수가 없다. 살면서 완창은 그리 자주 오는 것이 아닌가보지?

완창을 하고 나면 뭔가 깨달음이 온다. 우는 것도 힘들구나, 하는 깨달음!

슬플 때는 열심히 울자. 열심히 울다보면 배가 고파지고, 배가 고파 뭘 먹다보면 힘이 생기니까. (우는 것을 동영상으로 찍어대는 친구들도 힘이 생겨야 만날 수 있다!)

무엇보다 나는 눈물이 차올라, 저절로, 쏟아지는 일을 사랑한다.

사과는 맛있어

 의사들은 사람들이 아침에 사과를 먹는 것을 싫어한다는 우스갯소리가 있다. 매일 아침 사과 한 알을 먹으면 병원에 갈 필요가 없다는 것이다. 귀가 얇은 나는 의사들이 싫어한다는 말에 괜히 신바람이 나 '아침에 사과 한 알 먹기'를 열심히 실천하고 있다. 과장된 면이 있겠지만 사과가 그만큼 몸에 좋다는 거니 먹어서 나쁠 것은 없지 않은가?

 동그랗고 빨간 것이 껍질째 먹으면 얼마나 맛있는지. 너무 단단하지도 무르지도 않아 씹기에 좋고, 향은 꽃처럼 풍부하다. 손에 쥘 때 둥그렇고 꽉 찬 양감이 좋고, 과즙이 흘러넘쳐 손을 버릴 일도 없다. 새끼 짐승의 눈처럼 작고 까만 씨앗은 또 얼마나 예쁜가. 그야말로 야무지고 완전한 과일이다. 어여쁜 여성에게 사과같이 예쁘다고 하는데, 확실히 사과는 여자의 둥근 볼, 둥근 가슴, 둥근 엉덩이를 떠올리게 한다.

> 영주에는 사과도 있지
> 사과에는 사과에는 사과만 있느냐,
> 탱탱한 엉덩이도 섞여 있지
> 남들 안 볼 때 몰래 한입
> 깨물고 싶은 엉덩이가 있지.
>
> ―김사인, 「엉덩이」 부분

엉덩이를 통째로, 온몸에 품고 있는 사과는 보기에도 먹기에도 만지기에도 좋으니 다분히 유혹적인 과일이다. 옛날 이브가 뱀의 유혹에 넘어가 먹은 과일도 사과라 하고(무화과라는 설이 있지만 아담과 이브를 그린 화가들은 어여쁜 생김 때문에 사과를 주로 그려넣었다고 한다), 남자의 목울대를 가리켜 Adam's apple이라 부른다. 개인적으로 남자의 몸에서 섹시한 부분 중

하나로 목울대를 꼽고 싶다. 사과를 삼키려다 영원히 목에 걸린 아담! 왠지 목울대에 신비로운 이야기가 숨어 있다 낮은 목소리로 흘러나오는 것 같다.

사람들에게 사과를 줄 때 행복하다. 별일 아닌데 웃을 수 있다. 손님을 모셔놓고 사과를 내오며 이 말을 하기 위해서. "제가 사과드릴게요."

사과드려? 뭘? 하면서 상대방도 클클클, 나도 킥킥킥. 가까운 사람에게 사과해야 할 일이 있는데 쑥스러워 망설이고 있다면 사과 한 알을 들고 엉덩이를 씰룩이며, 혹은 덩실덩실 춤이라도 추며 걸어가보라. 우스꽝스러운 그 모습에 상대는 벌써 웃음을 터트릴 것이다. 사과를 불쑥 내밀며 공손한 말투로 '사과 드릴게요' 하고 말하는 순간, 상대방도 웬만한 잘못이라면 금세 덮어주지 않을까?

사과란 우리에게 얼마나 이로운 과일이란 말인가!

오후 4시를 기보記譜함

윗집에 사는 사람은 오후 3시나 4시쯤, 참 조용하다고 생각하며 책상에 앉아 있으면 정적에 미세한 홈이라도 파는 것처럼 피리를 분다. 사실 저 소리가 피리 소리인지 단소 소리인지, 아니면 다른 어떤 악기인지 정확히 모르겠다.

이 글을 쓰고 있는 시각은 오후 4시 27분. 지금도 피리를 불고 있다. 구슬픈 곡조인데, 어느 날은 뽕짝을 연주할 때도 있다. 그럴 때면 나도 모르게 고개를 까딱거리다 피식 웃는다. 혼자서 피리를 불고 있을 이름 모를 이웃을 생각하며 마음이 몰캉해지는 것이다. 어떤 음을 만들어내기 위해 입술을 동그랗게 오므려 숨을 불어넣고, 열 개의 손가락에 주의를 집중하고 있을 사람.

 윗집에 사는 사람은 피리 소리 말고도 다른 소리도 많이 낸다. 방음이 완벽하지 않은 탓이겠지만 거실을 지나다니는 소리나 바닥에서 무언가 묵직한 것을 굴리는 소리(도대체 뭘 굴리는 건지 정말 궁금하다), 화장실에서 오줌을 누는 소리도 들린다. 내가 양치를 하거나 세수를 할 때 위에서 또르르 오줌 누는 소리가 들리는데, 느낌이 오묘할 때가 있다. 양변기에 앉아 볼일을 보고 있는데, 위에서도 동시에 볼일을 보는 소리가 들릴 때이다. 위아래에서 앉거나 서서 우리가 같이 용변을 보고 있다는 생각을 하면, 이상하고도 친근한 기분이 든다. 같이 살고 있구나, 하는 생각이랄까.

 간혹 이웃간 층간 소음으로 심각한 분쟁이 일어난다는 이야기가 들리는데 안타깝다. 그렇게 방방 뛰고 화를 참지 못하는 이유가 정말 윗집에 사는 얼굴 모르는 사람 때문인지, 뭔가 다른 연유는 없는지 생각해볼 일이다. 참지 못하고 별안간 백만 볼트짜리 '화'를 터트리는 사람은 맘속 깊은 곳에 풀지 못한 억

울함이나 스트레스가 내재해 있을 확률이 높다. 이웃 때문이 아니란 말이다.

 이사 오기 전 옆집에는 신혼부부가 살았는데 심심치 않게 물건을 집어던지고, 악을 쓰면서 요란하게 싸움을 벌였다. 하필 내 침실이 옆집 부부 안방과 딱 붙어 있는 구조라 잠도 못 자고 덩달아 심란했던 적이 많았다. 어느 날은 그만들 좀 싸우라고, 옆집 생각도 하라고 따져 물어야지, 이를 갈며 다짐도 했는데 막상 그렇게 되지는 않았다. 신혼부부의 싸움은 여자의 대성통곡과 넋두리로 마무리되곤 했는데, 이상하지? 화가 치밀다가도 어느 순간 나도 모르게 여자의 넋두리, 엄마를 부르며 목놓아 우는 소리를, 타령처럼 이어지는 푸념을 귀기울여 듣게 되는 것이다. 그 여자 옆에서 고개 숙이고 있을 남편이 된 것처럼 나도 모르게 미안해지고 딱하게 느껴지기도 했다. 남의 일이 남의 일만은 아닌 것 같아 오지랖 넓어지는 밤. 마음이 수런거려 잠은 더 멀리 달아나곤 했다.

 누구나 살려고 움직이고, 싸우고, 울고, 그러다 피리도 불고

하는 거겠지. 오후 4시에 피리를 부는 사람에게 마음이 열리듯 때로는 시끄러운 소리가 좀 들리더라도 아, 저 사람들 오늘 좀 소란스럽게 지내나보다, 하고 마음을 열 수 있는 사람이 되고 싶다. 윗집에서 오줌 누는 소리를 내가 듣고 내가 오줌 누는 소리를 아랫집에서도 들으며, 저 사람들 잘 사는구나, 다들 그렇게 먹고 싸고 자고 도란도란 사는구나, 안심할 수 있을 테니까.

오후 4시의 풍경을 기보하다 마음은 구슬픈 피리 소리를 따라 둥둥 먼 곳을 향해 떠난다. 그때 그 신혼부부는 잘 살고 있을까?

모란 일기
―토지문화관에서

3월, 어느 하루

나무를 조경의 대상으로 여기는 서울에서 자란 나는 나무와 꽃이 함께 자라고, 머물다 죽는 생명체라는 인식을 제대로 할 기회가 없었다. 신문 사이에 껴 있는 전단지처럼 건물과 건물 틈에 삐죽 껴 있는 나무들은 가난(매연)에 찌들어 있는 아낙(시든 통나무) 같아 보였다. 강남의 유명한 거리 '가로수길'도 이름만 가로수길이지 나무들보다 화려한 상점들, 카페나 술집이 더 눈에 띈다. 그 길을 걸으며 거리 이름과 풍경이 맞지 않다는 생각, 서울은 자연을 잘도 '이용'한다는 생각을 했다.

양재천이나 남산에 가야 자연을 볼 수 있는 서울에서 벗어나

강원도 원주에 가니, 꽃과 나무들이 새롭게 보였다. 눈이 호강이 아니라 마음이 호강했다. 자연에 대해 무지한 것은 인생에서 커다란 결핍이 될 수 있으며, 어리석음이 될 수 있다는 것을 깨달았다.

나무와 꽃 앞에서 예의를 갖출 수 있는 가장 좋은 방법은 그들의 이름을 알고, 불러주는 일일 테다. 복숭아나무야, 돌배나무야, 찔레나무야, 잘 있었니? 이렇게. 필요한 것은 생명에 대한 관심과 호의다. 무식한 내가 푸르른 것들의 이름을 다 외우고, 알아채고, 불러주려면 얼마나 많은 시간이 필요할까?

포기하지 않겠다. 결국, 천천히 다, 얼굴을 마주하며 이름을 불러줘야지.

4월, 산책길
저게 뭐지? 빨강일까 검정일까, 핏빛일까?

4월, 또다른 날

비단으로 뭉쳐진 작은 주머니처럼 몽우리가 고개를 아래로 수그리고 있다. 저 나무는 이름이 뭘까? 대관령이 고향인 한 소설가에게 물었더니 모란이란다. 설마. 믿기지 않았다. 김영랑이 노래한 모란이 저렇게 초라할 리가 없지 않은가! 대관령은 꽃도 늦게 핀다는데. 대관령 사람이라고 다 알 수는 없을 거야.

가만, 진정 모란이라면. 모란은 피기도 전에 퍽 늙어 보였다. 붉음이 도사린 노인이여, 고개를 좀 들어보소.

한동안 곁을 지나면서도 그의 존재를 잊었다. 모란은 아닐 거라고 확신하면서.

5월, 첫째 토요일

5월의 빛, 5월의 꿀, 5월의 영화로구나! 4월에는 보이지 않던 붉음이, 5월 첫째 토요일에 가보니 활짝 피어 있었다. 주먹만한 꽃이라니! 과연 꽃 중의 왕이라는 모란이었다. 「모란이 피기까지는」이라는 김영랑의 시가 절로 떠올랐다. 시의 제목에서 방점은 '피기까지'에 찍혀야 한다는 걸 모란을 보는 순간 알았다. 이렇게 커다란 붉음을 보여주려고, 모란의 시작은 깊고 조용했으며, 영랑은 하염없이 기다린 것이로구나.

꽃이 피기까지 기다리는 마음은 얼마나 단단하고 서러운 씨앗이었을까?

5월, 다음날

향기가 없는 꽃이라는 소문은 거짓이었다. 코를 가져다 대니 향이 그윽했고 가까이서 윙윙대던 벌이 화난 듯 내 코를 쏘려 했다. 맞다! 꽃의 주인은 내가 아니라 네가 맞지. 사람이 꽃을 위해 뭘 해줄 수 있겠어? 멀찍이서 구경이나 할 수밖에. 꽃의 주인에게 꽃을 온전히 내주고, 두 발짝 멀리서 모란을 바라봤다. 부끄럽지만 모란을 이렇게 가까이서 오래 들여다본 것이 처음이었다. 황홀하고 붉은 기운이 마음 귀퉁이까지 넉넉하게 차올랐다.

5월, 몇 시간 뒤

왜 자꾸 안달이 날까? 미인을 보고 싶어 마음이 출렁인다. 모란은 '부귀영화'를 상징하는 꽃이라는데, 이제야말로 내 인생이 풍요로워지려나? 다시 앞에 서서 들여다본다. 붉은색이 눈 속에서 바랠 때까지 쳐다보다 '모란 동백'을 흥얼거리며 방으로 돌아왔다.

5월, 이틀 뒤

얼굴을 접은 모란아, 고개를 들어보렴. 모란은 시들어 접혀 있었다. 벌 대신 파리 한 마리가 앉아 있는 모란의 얼굴. 식은 것을 제일 먼저 알아보는 것은 파리로구나. 접힌 꽃잎을 손으로 살짝 쓰다듬자 꽃잎 두 장이 힘없이 떨어졌다. 다 쓴 매미 날개 같았다.

먹먹한 마음에 그 앞에서 발길을 돌리지 못하고 있는데, 할머니 한 분이 대문을 열고 나오셨다. 화단을 살피며 잡초 몇 가닥을 뽑으셨다. 인사를 드린 후 할머니 화단인지 여쭙자, 웃으셨다. 모란이 지고 있다고 섭섭함을 드러내자, 이제 꽃은 다 끝이야, 장미 하나 남았지, 하신다. 어떤 게 장미냐고 묻자 뾰족한 가시가 두드러진 키 작은 나무를 가리켰다.

"앵두나무라고 여기 쪼그맣게 앵두 맺히는 것 봐."

할머니 시선을 따라가자 새끼손톱만한 앵두가, 아직은 퍼런 앵두가 오밀조밀 달려 있었다.

떨어진 모란 꽃잎을 손 우물에 올려놓고, 작업실로 돌아오는 길. 설명할 길 없이 서운했다. 모란이 지고 난 뒤 "하냥 섭섭해 우옵네다"라고 노래한 영랑의 마음이 이렇게 멀리 돌아서, 내 앞에 도착했구나. 모란 이후의 날들이 벌써부터 서글펐다. 꽃잎 두 장을 공책 갈피에 얌전히 꽂아두었다.

5월 중순

붉었던 자리는 발자국도 없이, 사라졌다.

꽃은 가고 꽃을 가졌던 자리만 남았다.

시는 가만히 '있다'

당신의 부러진 안경다리

"야윔에 대해서 써야지."
—마르그리트 뒤라스

　말도 안 되는 일들을 상상할 때가 있다. 실은 좀 많다. 이를 간단하게 '공상'이라고 정의해버리면 편하겠지만, 공상이란 말은 싫다. 오히려 전생에 있었던 일이라거나 후생에 일어날 일이라 생각하면 즐겁다. 글쎄, 523년 전 내게 일어났던 일이라거나 120년 후에 다른 형상을 하고 겪을 일일지도. 아무튼 기억이 추억으로 자리잡을 수 있는 나이 때부터, 그러니까 예닐곱 살 때부터 전생과 후생에 대한 머릿속 추적은 계속됐으니 얼추

30년이 다 되었다. 30년이라니, 나는 공상계의 전문가 자격증을 받을 수 있겠다.

요즘 드는 생각.

1975년 5월, 마르그리트 뒤라스는 파리의 안경점에서 뿔테 안경을 하나 맞췄다. 나는 전생에 그녀의 안경다리였다. 몇 년 뒤 술에 잔뜩 취한 뒤라스가 넘어져 부러진 안경다리가 되기 전까지, 나는 그녀의 귀에 걸려 꽤 긴 시간을 함께했다. 그녀는 1980년 초 알코올중독증을 치료하러 병원에 들락거렸고, 나는 서랍 속에서 서서히 잊혔다.

한때 그녀는 술에 취한 와중에도 나를 걸치고 글을 쓰다 잠들었다. 그녀는 재능이 반짝였고, 아름다웠다. 나는 그녀의 얼굴 가까이에 밀착하여 생활했고 기미나 점, 작은 흉터까지 가까이에서 바라봤다. 그녀는 내 존재를 거의 잊고 지냈지만(무심하게도!), 하루에도 여러 번 손끝으로 나를 살짝 들어올렸다.

부러진 안경다리가 된 후 나는 상심해 지냈고, 너무 오래 처박혀 있어 조금씩 영혼이 날아갔다. 뚜껑을 열어놓은 향수처럼. 어떤 물건이든 사용하지 않고, 오래 방치해두면 영혼은 완전히 휘발된다. 물건은 그 순간(영혼의 완전한 휘발) 죽는다. 어느 집이든 죽은 물건 몇 가지쯤은 곳곳에 숨어 있기 마련이다. 죽은 물건들은 버려지기도, 죽은 채 박제되기도 한다. 나는 서랍 속에서 꽤 오래 죽어 있었다.

1980년 10월, 나는 안경다리가 아니라 인간으로 다시 태어났다. 내내 잊고 지내다 어느 겨울 『모데라토 칸타빌레』라는 소설을 읽다가 전생을 기억해냈다. 이건 내가 오래전 뒤라스의 얼굴에 매달려 보고 또 보았던 소설이었으니까.

그녀를 기억해냈는데, 이번에는 그녀가 죽어 있다. 산다는 건 죽고, 죽어가며 지난 생을 떠올려보는 것일까?

아닐 수도 있다. 그녀의 안경 쓴 모습을 보는 순간 내 전생의 기억이 전속력으로 일어섰다고 느끼는 것뿐. 뭔들 어떠랴.

똥을 두고 온 적도,
두고 온 똥이 된 적도 있다

산토끼가 똥을

누고 간 후에

혼자 남은 산토끼 똥은

그 까만 눈을

말똥말똥하게 뜨고

깊은 생각에 빠졌다

지금 토끼는

어느 산을 넘고 있을까?

—송찬호, 「산토끼 똥」 전문

똥은 음식물을 소화시키고 남은 찌꺼기만을 뜻하지 않는다. 나의 일부였으며 방금 전까지 나와 깊이 연루되어 숨쉬던, 뜨끈뜨끈하고 아직도 살아 있는 존재이자 사건이다.

동물에게 똥은 '싸는 것'이 아닌, '두고 오는 것'이다. 두고 온다는 것은 가해자의 입장이고 사실 당하는 똥의 입장에서 보면 똥은 홀로 남겨진, 버려진 존재가 된다. 버려진 똥에게서는 무언가 구슬픈 냄새, 아삼아삼하게 다시 생각나는 냄새, 버려진 것들에게서 나는 냄새가 난다.

외출 후 돌아왔을 때 내 방 풍경에 새삼 놀란 적이 있다. 내가 없는 사이 일정 시간 동안 버려져 있던 방 풍경 때문이다. 방은 내가 외출해 있는 동안 '두고 온 똥'이 되었다.

벗어놓은 잠옷 바지는 다리를 잃은 채 주저앉아 있었고, 이불은 일어서려다 실패한 자세로 웅크리고 있었다. 텔레비전은 입을 다문 채 허공을 응시하고 있었으며, 방바닥에 아무렇게나

쌓여 있는 책들은 고개를 숙인 채 무언가 상심한 얼굴을 하고 있었고, 브래지어는 사라진 두 덩이 온기를 그리워하다 바짝 시들어 있었다. 버려진 상태로 골몰해 있는 낯선 존재들. 내가 없는 사이 이 방에선 무슨 일이 벌어졌던 것일까? 정지 상태로 멈춰 있는 방안 물건들이 기이하다는 생각이 들어 무서울 지경이었다.

송찬호 시인의 시 「산토끼 똥」을 읽다가 내 속에 품고 사랑하다 가볍게 흘려버린 많은 '똥' 생각에 잠시 멍해졌다. 두고 온 많은 똥은 지금 어디에 있을까? 반면 나(똥)를 두고 명랑하게 사라진, 친절했던 엉덩이들은 지금 어느 곳에서 새치름한 속눈썹을 감고 잠들어 있을까?

어떤 사람에게는 이 시가 동시처럼 산뜻하게 다가오기도 할 테지만, 내겐 이별 이야기로 읽힌다. 칼로 베어내듯 단호한 이별이 아닌 똥을 누듯, 몸에서 자연스럽게 이탈하는 이별이다. 이별이 자연스럽기까지는 얼마나 많은 시간이 필요한 것일까?

좋은 시를 읽을 때면 이상한 일이 벌어진다. 몸 가장 낮은 곳에 침전해 있던 비밀 하나가 스웨터에서 올이 풀리듯 스르르 풀어져, 오롯이 드러나는 것을 느낄 수 있다. 그럴 때면 무언가 시 비슷한 것이 쓰고 싶어진다. 시를 읽다 시를 쓰고 싶어지는 상태. 이건 뭘까?

흥분의 실체가 사라질까봐 두려운 생각이 드는데, 그것은 '안달'이 난 상태와도 비슷하다. 마치 아무도 모르는 사이에 몸에서 뾰족한 뿔이 돋아나는 것 같다. 가슴이 두근거리고, 빨리, 빨리! 손가락이 외치는 소리를 듣게 되고, 손가락이 시키는 대로 펜을 쥐고 멀리서부터 여기에 막 도착한, 헐떡이는 언어를 뱉고 싶은 욕망이 생긴다. 몸 구석구석이 간지럽다. 돋아난 뿔들이 별안간 열 개가 되기도 하고 일제히 사라지기도 한다. 하늘에서 누군가가 내 이름을 부르는 것 같은 착각이 들기도 해 귀를 활짝 열어보다 커다란 귀에 잡아먹히기도 한다. 수천 그루의 나무가 잘려나가 텅 비어버린 숲에서 나무들의 혼령과 마주하는 신비한 경험을 하기도 하고 나무들의 혼령과 천천히 걷다 사라지기도 한다.

이것은 몸이 하는 일이다. 머리만으로는 할 수가 없다. 좋은 시들은 몸이 일하게 만든다. 몸이 배제된 상태의 머리란 대체로 무능력하지만 머리가 배제된 상태의 몸은 가끔씩 황홀하게 매력적인 일을 벌이기도 한다. 페데리코 가르시아 로르카가 말한 두엔데Duende가 바로 이런 느낌, 이런 힘을 말하는 게 아닐까? 로르카는 어느 글에서 이렇게 쓰고 있다.

한 편의 시를 막 만들려고 하는 시인은(나는 경험으로 알고 있거니와) 도무지 헤아릴 길 없을 만큼 머나먼 숲속에서 밤 사냥 여행을 하고 있는 듯한 막연한 느낌을 갖고 있다. 그의 가슴속에서는 설명할 길 없는 공포가 술렁거린다. 마음을 가라앉히기 위해서는 냉수 한잔을 마시거나 펜으로 뜻없는 검은 표시를 하는 게 좋을 것이다. 내가 '검은'이라고 말하는 까닭은 그게 불가사의이기 때문이다.
—페데리코 가르시아 로르카, 『강의 백일몽』

시를 읽다가, 나는 별 무리 없이 산토끼 똥이 되었고 재빨리 여러 가지로 변신했다. 숲속에서 자그마하고 동글동글한 얼굴을 하고 흙냄새를 맡았다. 내 몸은 아직 따뜻했고 방금 전 내가 기거했던 토끼의 빨간 뱃속을 생생하게 기억하고 있었다. 머리 위로 낯선 초록들이 쏟아질 것처럼(그러나 쏟아지진 않고) 흔들리고 있었다. 나는 쏟아지기 전의 내 자리, 이제 타자가 된 토끼의 몸속을 기억했다. 간혹 그를 그리워하고, 말을 걸고 싶거나 어쩌면 울고 싶어질지도 모른다고 생각했다. 보이지 않는 그를 보려 하다 뙤기눈이 될지도 모른다고 생각했다. 나는 토끼가 얌전히 '두고' 간 다리가 사라진 몸, 웅덩이에 고인 시간, 사라진 미래와도 같았다. 기어코 나는 똥이 되었다!

멀리서 홀로 남은 똥, '두고 온 똥'이 된 것들의 골똘한 생각에 내 생각을 보태고 싶다. 그들의 사색에 내 촌스러운 사색 한 점 보태고 싶다. 나도 똥을 두고 온 적도, 두고 온 똥이 된 적도 있다고.

글쓰기의 두려움

○

나는 지금 백지 앞에 놓여 있다. 놓여 있는 것은 백지가 아니라 나다.

○

백지는 시작하는 사람의 거울이다. 어떤 표정을 짓느냐에 따라 '글자'라는 발자국이 달라진다. 시작한다는 것은 무엇일까? 시작보다 앞서 와야 하는 것은 무엇일까? 생각일까 기억일까 한숨일까? 날갯짓보다 앞서 날아야 하는 것은 바람이 아닐까? 공중을 배회하는 투명한 나그네, 바람들.

○

 시작하기 전, 바람이 쓴 글자들로 백지는 이미 묵직하다. 무게를 뚫고 나아가야 한다. 두근거리는 심장을 느끼며 무대 앞에 선 나는 바람의 기억을 밀어내기 위해, 혹은 그 위에서 다시 시작하기 위해 두려움을 벗어야 한다. 옷 중에 가장 커다란 옷은 두려움. 두려움은 나를 통째로 삼키고, 소화해버린다. 소화되지 않은 손목 두 개만 겨우 살아남아 다시 거울을 마주한다.

○

 손목 두 개.

 자발적으로 끌려온 포로들.

 모순은 반복을 낳는다.

 칼과 방패(펜-종이)는 쉴 시간이 없다.

○

 창백한 얼굴. 눈 코 입은 시작되지 않았다.

○

오지 않은 그림을 상상하다 도화지는 잠이 들었다.

○

기차가 기다래지려면 검정과 영원이 만나 함께 누워야 한다. 차가운 잠.

○

밀가루는 가끔 빵보다 먼저 부푸는 향기 때문에 질퍽해진다.

○

침범할 수 없는 영역. 빈방은 우아하다. 이곳에서 내가 해야 하는 일은 어떤 움직임, 일종의 소극적인 공격이다. 선을 긋거나, 선 넘기. 어쩌면 선을 피하거나 지우기. 실토 혹은 침묵. 울거나 웃기. 찢고 밟고 매달리며 끌어안다가 흑점으로 종이를 가득 메우고는 돌아서서 떠나는 일.

글쓰기는 일종의 가학 행위이자 어둠을 더듬는 행위다. 어둠 속에서 벌어지는 조심스러운 애무다. 격정과 흔들림으로 어둠이 환하게 벗겨졌을 때 쓰는 자는 비로소 능동적인 애무와 페티시, 사경을 넘나드는 황홀을 겪는다. 호흡과 리듬과 어둠이 삼위일체가 되어 서로 충분히 상피 붙었다고 생각하는 순간, 쓰는 사람은 마침표 위에서 사정할 수 있다. 제대로 '쪼그라들' 수 있다.

○

쓰는 것과 시를 쓰는 것은 다르다.

○

쓴다는 것은 '영원한 귓속말'이다. 없는 귀에 대고 귀가 뭉그러질 때까지 손목의 리듬으로 속삭이는 일이다. 완성은 없다. 가장 마음에 드는 높이까지 시와 함께 오르다, 아래로 떨어뜨리는 일이 내가 할 수 있는 전부다. 박살은 갱생을 불러온다.

○

작가는 유혹하려는 사람이다. 가볍고 무거운 단어들을 놓고,

비비고 들어올리며 호객하는 자다. 고백하기 위해 가장 많은 단어를 필요로 하는 슬픈 짐승이자, 나무 한 그루를 이야기하기 위해 기억하는 모든 숲을 에둘러 가려 하는 어리석은 사람들이다. 한편 시를 쓰는 사람은 대상을 유혹하기 위해 단어를 매만지는 사람이 (엄밀히 말해) 아니다. 시를 쓰는 사람은 쓰는 시간 동안 그 자체로 자지 혹은 보지가 된다. 얼굴은 붉고 맛있는 빛깔이었다가 상처로 뭉개진다. 작가의 얼굴은 잘생겼을지 모르지만 시인의 얼굴은 더럽다. 피범벅이다.

o

끊어질 듯 이어지는 흐느낌, 입술을 비집고 겨우 나오는 말, 갓 태어난 망아지처럼 온몸에 끈끈한 막을 두르고 일어서려 안간힘을 쓰는 말. 이런 것이 시에 가깝다. 숨쉬지 않는 부동의 망아지들이 원망스러운 적 많았으나 혀로 핥으면 살아나기도 했다. 절박함이란 목이 가느다란 것들이 타는 그네다.

o

따끈따끈한 두부 두 모에서 김이 피어오르는 순간! 김이 완전히 사라질 때까지 전속력으로 시를 쓰다, 식은 두부를 먹으며 천천히 시를 고치고 싶다. 그러나 진짜 중요한 사건은 두부를 만들기로 마음먹기 전에 일어난다. 그'전'에 뭔가 중요한 일들이 벌어졌다.

○

끝내 시 속에서, 인생을 탕진하고야 말겠다.

도레미파솔라'시'도 속에 잠긴 시詩

'도레미파솔라시도'에서 탈출한 시si가 시詩 아닐까? 가장 어려운 음을 내보라고 당신이, 하늘에서 술잔을 빙글빙글 돌리며 숙제를 내준 것이 아닐까.

어렵다고 느낀다면, 이미 나는 좋은 시인이 아니다. 좋은 시인이 되는 것은 진작 포기했다. 물론 싱싱한 활어처럼 파닥여서 아무도 잡을 수 없는 시를 쏟아내던 때가 분명히 있었다. 한 달, 아니 하루, 반나절, 몇 시간, 몇 분이라도 싱싱했었지. 물고기는 자신이 물고기라는 사실을 몰라야 신나게 헤엄칠 수 있는 거니까. 물고기가 자신이 물고기라는 사실(진짜 사실?)을 인지한 뒤, 자신이 속한 곳이 바다라는 것을 알고 난 뒤에는 지느러미에 힘이 들어가고 꼬리의 움직임이 자연스럽지 못하게 된다. 헤엄은 헤엄만이 아닌 게 되고, 물고기의 기쁨은 사라진다. 아무도 물고기를 물고기라고 생각하지 않게 된다.

이십대 초반에 시를 쓰는 공책 제일 첫 장에 김수영 시인의 산문 중 여러 부분을 발췌해 적어놓았다. 잊지 않으려고, 각성하기 위해서.

"시작詩作은 '머리'로 하는 것이 아니고 '심장'으로 하는 것도 아니고 '몸'으로 하는 것이다. '온몸'으로 밀고 나가는 것이다. 정확하게 말하자면, 온몸으로 동시에 밀고 나가는 것이다."
"우리집 안에 있고 내 안에 있는 적."
"시를 쓰는 사람, 문학을 하는 사람의 처지로서는 '이만하면'이란 말은 있을 수 없다."
"나에게서 시인이 없어졌을 때 나는 시를 쓰기 시작했다."
—김수영, 『김수영 전집 2』

김수영의 정신은 내게 시작詩作으로 들어가기 위한 시작始作,

한 세계로 넘어가는 문지방이었다. 시를 쓰기 전에 밟거나 넘었고, 오래 서 있었다. 불안할 때 중얼거려보는 기도문이었고, 쉽게 타협한 시 앞에서는 만장挽章이 되어 펄럭이기도 했다.

어느 날 문득 내가 소중하게 여기던 문지방은 다른 문지방들처럼 그저 '거기에 있는' 평범한 존재, 사랑하지만 자주 잊어버리는 존재가 되었다. 가끔은 의도하지 않은 배교자가 되어 빈둥거리며 문지방을 피해 다니는 일도 있었다.

힘들이지 않고 발기하던 때, 힘들이지 않고 시와 몸 섞던 시절은 지나갔을지도 모른다. 그건 어린아이들이나 아직 무엇으로든 변화가 가능한 사람들만의 영역일지 모른다. 나는 이미 조금은 나이를 먹었고, 조금은 때가 탔으며, 조금은 돈 생각을 하는 딴따라가 되었고, 조금은 나태해졌고, 조금은 글러먹었을지 모른다. 아니라고 당당하게 말할 자신이 없다.

그럼에도 불구하고, 나는 좋은 시인이 될 수 없을지도 모르지만 시를 포기하지 않고 끝까지 쓰겠다. 절필이야말로 진정한 배교다. 시쓰기를 어려워하며(우리 모든 시인처럼), 끝내 포기하지 않고 시를 유예할 것이다. 내가 쓸 수 있는 시나 쓸 수 없는 시를 끊임없이 유예하는 마음으로 그저 지금이 아니라 다음, 그다음, 그다음에 더 잘 쓸 수 있으리라 믿으면서. 어리석게 믿으면서. 닿을 수 없는 먼 곳에다 쓰고 싶은 시를 기약해놓을 것이다. 그때 나는 시를 쓸 수 있을 것이고, 쓸 수 없을 것이라고. 지금은 아니다. 지금은 그냥 겨우, 겨우, 몇 자를 뱉어내는 '노력'을 할 뿐이다.

나는 믿는다. 종국에 돌아온 탕자가 되어 시의 발아래 엎드려 대추처럼 쪼글쪼글해진 얼굴을 하고, 쇳소리를 내며 노래할 것이다. "시란 패자가 다 갖는 게임"이라고 한 타고르의 말을 믿으며, 기어코 살아남아 노래해야겠다. 비루하고 흉한 몰골일지라도! 가늘고 길게, 벽에 똥칠할 때까지 시를 쓰는 일. 그게 내 목표다. 그러니 시에 대한 두려움은 두려움대로 실패는 실패대로 영원히, 유예하련다.

하이힐
— 사랑에 출구는 없다

하이힐은 세상에서 가장 작고 요염한 배﹝舡﹞다. 여성들은 이 작은 배에 탈 수 있는 주인이 되기 위해 비용을 지불하고, 행복한 마음으로 올라탄다. 때때로 찾아오는 발의 고통을 감수하면서까지 여성들이 하이힐을 고집하는 이유는 뭘까? 신발장에서 쉴 때조차 엉덩이를 높이 쳐든 자세로 우아함을 유지하는 하이힐의 모습과 여성들의 마음속 깊은 곳에 자리하고 있는 자존심의 모습이 닮았기 때문일까?

끝날 듯 끝나지 않는 선線, 바닥과 다리의 경계를 아슬아슬하게 이어주는 선. 하이힐은 다리의 연장선이자 다리가 꾸는 꿈, 못다 한 말, 혹은 하고 싶지 않은 말이다. Y에게는 하이힐에 대한 잊을 수 없는 기억이 있다.

 방문이 곧 부엌으로 연결되는 문이자 안채의 유일한 문이기도 했던 방. 집이라기보다는 '방'이라는 표현이 적절한 곳. 여덟 살이 된 Y는 불시에 할머니 댁에서 이곳으로 오게 되었는데, 막 살림을 시작한 여자와 남자의 사랑놀음을 침착하게 지켜보았다. 할머니 댁은 마당이 있는 이층집이었으며 넓고 쾌적했던 반면, 살림을 시작한 신혼부부가 Y를 '옮겨다놓은' 곳은 누추하고 작은 방이었다. Y는 뭔가 억울한 기분이 들었지만 한숨을 쉬는 것 외에 할 수 있는 일이 없었다. 작은 대문과 그보다 더 작은 현관문을 열고 들어가면서, 몰래 주위를 살피는 버릇이 생겼다.

 Y는 똑바로 자라길 강요받은 화초처럼 얌전히 자랐다. 대체로 시들하거나 천진했고, 그늘의 가장 바깥 단을 끊어 옷을 해 입은 것처럼 어두운 표정을 짓는 아이였다. 심심해지면 오선지에 걸린 낮은음자리표처럼 등허리를 둥글게 말고 잠이 들기도 하는 아이.

Y는 삶을 대하는 안정적인 시선을 갖지 못했다. 햇살이 대각선으로 쏟아지거나, 비 오는 풍경이 끊어진 뱀들의 투신처럼 보이는 날이 잦았다. 신혼부부는 막 살림을 시작한 사람들답게 매일 공들여 싸웠다.

신혼부부가 목청을 높여 싸울 때면 Y는 구석에 배를 깔고 엎드려 장난감을 가지고 놀거나 방문 문고리에 매달려 놀았다. 방문은 좌우로 움직이며 삐걱이는 그네가 되어주었다. 겨우 대여섯 번, Y의 그네가 힘겹게 흔들렸을 뿐인데 신혼부부는 동시에 이쪽을 쳐다보았다.

"그만두지 못해!"
이건 여자의 말.
"그만두지 마. 계속해!"
이건 남자의 말.

문고리에 매달린 Y는 이 짓을 계속해야 할지, 멈춰야 할지 몰라 문고리를 잡고 엉거주춤한 자세로 서 있었다. 부부는 다시 싸움으로 돌아갔다. 욕설이 오갔고, 남자가 옆에 있던 재떨이를 벽을 향해 던졌다. 남자는 화를 삭이려는지 자리에 누워 이마에 손을 얹은 채 눈을 감았다. 여자도 지지 않으려는 듯이 미리 싸놓은 가방을 들고 일어섰다. 빙벽처럼 싸늘한 얼굴을 한 여자가 문을 쾅, 닫고 집을 나갔다. 현관문을 돌아 복도처럼 좁은 마당을 지나는 여자의 구두 굽 소리. 바닥을 두드리는 하이힐 굽이 불길한 소리를 내며 사라지고 있었다.

Y가 소리에 기가 질려 멍해진 사이, 발소리가 다시 커졌다. 이쪽으로 돌아오고 있는 뾰족한 굽 소리, 기어코 방에 쳐들어오고 말겠다는 의지를 담은 소리가 가까이 다가왔다. 여자는 가방을 한쪽에 팽개치고, 구두를 신은 채로 방을 넘어(이 장면에서 Y는 놀랐다!), 담뱃재와 꽁초들을 건너, 남자를 향해 걸어왔다. 눈을 동그랗게 뜬 남자는 꼼짝없이 누워 있었는데, 약간 겁에 질려 보였다. 그다음, Y는 잊을 수 없는 풍경을 보게 되었다.

흰색 하이힐을 신은 여자가 발을 들어, 누워 있는 남자의 얼굴을 밟으려 했다. 남자의 얼굴 위로 하이힐이 아슬아슬하게 드리워졌다. 그 장면은 한동안 정지 장면처럼 보였다. 남자와 여자 모두 꼼짝하지 않았다. 오랜 시간이 흐른 것 같았다. Y는 여자가 남자의 얼굴을 짓이길까봐, 뾰족하고 위험한 하이힐로 얼굴에 난 크고 작은 구멍들을 막아버릴까봐 겁에 질렸다. 한쪽 발을 든 채, 여자는 흐느끼고 있었다. 잠시 그렇게 있던 여자가 이번에는 정말로, 방을 걸어 나가버렸다.

그다음이 어땠는지, 어질러진 방과 홀로 남은 남자가 어떤 태도를 취했는지는 Y의 기억에는 남아 있지 않다. 다만 그토록 강렬한 장면은 그후 어떤 영화에서도, 본 적이 없다고 생각하며 나이를 먹었다.

그때, 여자에게 있어 하이힐은 남자를 겨냥한 총, 절박함이 장전된 총이었을 것이다.

    나를 떠나게 한다면,
  너를
      쏴버릴 수도 있어.

총구를 겨눈 채 울던 여자와 누운 채 포박된 남자 사이에 오간 눈빛을 Y는 영영 모를 것이다. 그때 그들의 눈과 눈 사이에 아무도 모르는 길이 만들어졌고 그 길에서 마주쳤을지도 모른다. 수없이 포개지고 싸우며, 행복해하거나 지긋지긋해하면서도 같이 살 수밖에 없는 자신들의 운명을.

그날로부터 지금까지, Y는 알 수 없는 세계로 조금씩 가라앉는 것 같은 아득한 기분을 느꼈다. '슬픔'이라는 조그만 추를 발목에 하나씩 달고 가라앉는 것 같은 느낌. 그건 마치 봄이 떨어지는 꽃들의 무게를 무릎으로 감당하며, 조금씩 앞으로 나아가는 일과 닮았을까?

우리는 모른다. 사랑이 우리를 어디로 데려갈지.

청국장은 지지 않는다

 식당에서 청국장을 먹고 돌아오면 알 수 있다. 청국장 콩이 온몸에 달라붙어 집까지 따라왔다는 것을! 머리카락과 얼굴, 몸 곳곳은 물론 속옷 깊이까지 냄새가 배었다. 아무래도 청국장은 특별하다. 맛있는 음식은 많지만, 청국장을 햄버거나 불고기, 자장면 따위와 비할 순 없다. 청국장은 강렬하다. 건강에는 자기가 제일이라고, 누가 뭐라 해도 나를 따돌릴 순 없다고 대놓고 냄새를 풍기며 으스대는 것 같다.

 아침 일찍 버스나 지하철로 이동할 때 누군가에게서 청국장 냄새가 나면 이상하게도 다른 냄새보다는 참을 만하다. 저 사람 청국장 좀 먹었나보군, 아침 일찍 저 사람을 위해 누군가가 청국장을 정성스레 끓였나보군, 생각하며 고개를 끄덕이게 된다. 흐뭇해지기까지 한다.

한번은 옷장 문을 열어놓고(거울이 붙어 있기 때문에 거울을 보다 무심코 열어놓음) 청국장을 끓였는데, 옷 곳곳에 청국장 냄새가 배어 탈취제를 여러 번 뿌려야 했다. 하지만 청국장 냄새는 웬만해서 지지 않으니, 옷장에 있는 옷 곳곳에서 냄새가 빠져나가지 않았다. 한의원에 침을 맞으러 갈 때도, 극장에 영화를 보러 갈 때도, 슈퍼에 우유를 사러 갈 때도 청국장이 몸에 달라붙어 따라왔다. 다시는 청국장을 끓이나봐라, 고개를 내저으며 결심을 하는 것도 잠깐.

어떻게 안 먹고 살지? 고초균이 가득해 장 건강에도 좋고, 콩을 씹는 식감과 구수한 국물에 밥을 비벼 먹는 것을 상상만 해도 좋은데! 냄새가 나는 것쯤은 감수해야지 뭐, 하고 또다시 무와 김치를 달달 볶아 청국장을 끓인다. 그러고는 또 외친다. 아우, 냄새! 창문 열어!

인정해야 한다. 청국장은 지지 않는다.

꼭지

나는 꼭지가 있는 것들을 사랑한다. 꼭지는 존재의 안으로 들어갈 수 있는 손잡이이자, 문장을 닫는 마침표 같다.

다는 아니지만 존재하는 다양한 것에겐 꼭지가 있다. 냄비에게도 있고, 주전자에게도 있다. 열매에게도 있고 대부분의 도형에게도 있다. 사람은 화가 날 때 머리를 '꼭지'라고 부르며, 꼭지가 돈다는 표현을 쓰기도 한다(그렇다고 머리를 꼭지라 하기엔 좀).

야채나 과일에게는 꼭지가 배꼽이다. 사전에는 "잎사귀나 열매를 가지에 달려 있게 하는 짧은 줄기"라고 되어 있는데, 그들이 식탁 위에 오르기 전 나무나 흙과 연결되어 살았다는 증거다. 꼭지가 싱싱한 사과, 배, 수박을 먹을 때면 자연이 품고 기른 자식을 먹는 것 같아 감사하고 즐겁다. 딸기나 체리, 방울토마토의 꼭지를 하나하나 떼어낼 때면 성가신 일이라 투덜대기도 하지만, 얼마나 중요하면 작은 몸체 하나하나에 빠짐없이 죄다 꼭지를 달고 나왔을까, 생각하며 마음을 고쳐먹는다. 정성들여 꼭지를 떼어내면서도 미안한 마음이 든다. 먹기 위해 생선의 대가리를 쳐내는 기분이랄까.

꼭지는 고집이 있다. 고추는 꼭지에 가까워질수록 맵고, 당근은 꼭지 부근이 단단해 칼로 썰기 힘들다. 만두에게 꼭지가 없다면, 꼭지의 고집이 없다면 둥근 형태는 무너져 만두의 세계가 위험해질 것이다! 감자를 깎을 때 내 표정이 심드렁해지는 이유는 꼭지 없는 것들을 깎고 썰 때 재미나 감흥이 덜하기 때문이다(그러나 감자에게 투덜대면 안 된다. 감자는 화가 나면 뿔을 내보이는 괴력을 갖고 있다).

내 배에도 꼭지가 있다. 자궁에서 살았다는 증거를 알려주는 유일한 표시, 배꼽이다. 호박 꼭지나 가지 꼭지처럼 손으로 잡을 순 없어도, 내 몸의 꼭지임은 분명하다. 젖에 달린 꼭지는 이름도 분명한 젖꼭지다. 아기나 사랑하는 이가 손이나 입술로 잡을 수 있는 진짜 '꼭지'다.

글을 쓸 때도 한 챕터를 '꼭지'라고 부른다. 가령 어느 매체에서 청탁을 할 때 "이러이러한 주제로 한 꼭지 써주세요"라고 말을 하는데 들을 때마다 기분이 좋다. 꼭지란 말이 주는 즐거움도 있지만 조만간 새로운 한 꼭지를 만들어낼 수 있으리라는 기대 때문이다. 아무쪼록 세상에 꼭지가 많을수록 좋은 거 아닌가?

때때로 많은 존재에게 꼭지가 있다면 어떨까 상상해본다. 공책에게 꼭지가 있다면 들고 다닐 때 더 편할까? 바다에게 꼭지가 있다면 빠져 죽을 위험에 처했을 때 꼭지를 붙들고 살 수 있을까?

기억에게 꼭지가 있다면
가난에게 꼭지가 있다면
눈물에게 꼭지가 있다면

돈에게 꼭지가 있다면(꼭지가 닳고 닳겠군)

이름에도 꼭지가 있다면(친한 사람은 꼭지만 부르겠지?)

죽음에도 꼭지가 있다면

유년에도 꼭지가, 새벽에도 꼭지가, 여름에도 꼭지가, 시에도 꼭지가, 꼭지가,

꼭지가 있다면!

음경

 남자라는 동물은 중심에 동물을 하나씩 더 가지고 있다. 정수리에 조그만 눈이 달린 동물. 순하게 늘어져 있다가도 돌연 뻣뻣하게 곧추서는 동물. 모가지가 가장 두꺼운 동물.

 누군가 음경의 목을 조르면 문고리처럼 도드라지고 경직되며, 틈이 열리고 길이 난다. 정수리에 달린 눈, 가느다란 통로에서 정액이 흘러나와야 화를 풀고 쉴 수 있다. 조르고 쪼이고, 가혹할 정도로 마찰해야 떨어져나가는 속성이 마조히스트의 허기를 닮았다.

 단단해야 죽을 수 있으며, 죽어야 다시 평화롭게 살 수 있다.

부드러운 음경은 조용하고 흔들리며, 고치 속에서 잠든 나비처럼 눈 감고 쉴 수 있다.

도드라져 있다가도 잠이 들면 다시 식물이 되는 동물.

스프링. 봄의 무기. 씨앗 발사기.

사랑스러운 소모품.

잠지

 이제 아무도 내 것을 '잠지'라고 부르지 않는다. 음부라거나 보지라거나, 거기라거나, 아래라거나 아무튼 멀고먼 남의 이름처럼 부른다. 고개를 외로 꺾으며 툭 내뱉는 식으로 얘기한다.

 할머니와 고모는 조그만 나를 번쩍 안아 오줌 누이는 자세를 만든 후, 대야의 물을 첨벙거리며 잠지를 씻겼다. "잠지를 깨끗이 씻어야지"라고 말했을 때 왠지 킥킥, 웃음이 났다. 나는 공중에 대롱대롱 매달려 수돗물 받는 소리와, 커다란 손이 내 작은 잠지에 철썩철썩 파도처럼 닿던 느낌과 목욕탕의 주황 불빛, 하수구로 내려가는 물소리와 내 목소리의 울림을 기억한다.

할머니는 때때로 싱겁게 먹는 나를 두고 '잠지에 털 난다'고 놀려댔는데. 그러면 나는 내 잠지를 손으로 만져보며 어맛, 하고 소리를 질렀다. 그때 내게 '잠지'라는 말은 방귀, 옹가, 똥, 설사, 코딱지와 더불어 흥미롭고 웃음이 나오는 신나는 말이었는데. 여섯 살 여자아이와 잘 어울리는 그 말은 어디로 갔을까? 요새 어른들은 아이를 씻기며 '잠지'라는 말을 가르쳐주나? 조용하고 내성적이고 짠맛이 날 것 같은, 잠지라는 말.

가끔 거울 앞에 앉아 흐릿해지는 내 모습을 바라볼 때 문득 그리워진다. 내게 머물던 잠지라는 예쁜 말과 공중에 매달려 씻김을 받던 조그맣고 비밀스러운 그곳. 나이든 여자에게 몸을 통째로 맡기며, 대롱대롱 안겨 있던 시절은 다시 오지 않겠지?

생각하고 있자면, 돌아가신 할머니와 늙은 고모가 따뜻하고 두툼한 손으로 방을 닦으면서 굽은 허리와 평퍼짐한 엉덩이를 들썩일 것 같다.

계단

 오래전 계단에 세 들어 산 적이 있다. 불안하거나 답답할 때마다 나왔다. 계단에는 누군가의 발자국과 침, 그늘과 밤이 있었다. 나만의 공간은 아니었지만 있을 때만큼은 편안했다. 새벽과 눈물과 두려움이 나와 나란히 앉아 아침을 맞이한 적도 있었다.

 아파트 10층의 비상문을 열고 계단에 앉아 있으면, 내가 앉은 곳에서부터 위아래로 수많은 계단이 길처럼 펼쳐져 있으리라는 생각에 안도감이 들었다. 건물 안에 숨은 하나의 작은 '점'으로서 내 입지가 마음에 들었다. 계단은 내가 숨을 수 있는 창백한 시간이자 안전한 통로, '멈춰 있는 길'이었다. 이곳에 앉아 있으면 아무도 나를 찾을 수 없을 것 같았다.

계단은 열린 공간이자 닫힌 공간이었다. 모두들 엘리베이터로 이동할 것을 약속이나 한 듯 내가 앉아 있는 계단으로는 거의 지나다니지 않았다. 나는 계단에 난 혹처럼, 정박해 있는 배처럼 몇 시간씩 앉아 있었다.

때때로 계단은 무릎을 꿇은 것처럼 보였는데 꿇어앉은 무릎이 몇 개나 될는지는 알 수 없었다. 세워놓은 내 무릎의 둥근 모양이나 손바닥으로 쓸어보았다. 창백한 무릎이 한없이 펼쳐진 밤이었다. 조용했고, 아무 일도 일어나지 않았다. 아무 일도 일어나지 않는다는 사실에 행복했다. 차가워진 엉덩이로 시간의 흐름을 재보거나 담배를 피우기도 했다.

가끔 밤을 업은 유령들이 창밖으로 지나가는 모습이나 목숨이 아홉 개인 고양이가 심심풀이로 한두 개의 숨을, 툭, 떨어뜨리는 모습을 상상했다.

계단, 무릎, 담배, 새벽, 한숨은 근친이다. 뒤엉켜 놀아도 이상하지 않다.

꿈

 어둠 속에서 혹은 꿈의 번짐 속에서. 잠과 잠의 경계에서 속눈썹은 물속에서 움직이는 팔처럼 너울거린다.

 꿈에서 완전히 빠져나오기 전이라면, 꿈속에서 속눈썹을 두고 온 시점이라면, 눈꺼풀이 날개 잃은 등처럼 속눈썹을 그리워할 때라면, 네 꿈이 내 꿈의 문턱에서 쫓겨나 서로 동시에 눈을 뜬 시점이라면?

 내 얼굴로 네 목소리는 불쑥 들어온다.

 꿈을 꿨어.

무슨 꿈?

돌아갈 수 없는 시절에 대한 꿈.

비를 맞았어?

아니.

울었어?

글쎄.

누가 누가 나왔어?

내가 사랑하고 싶었던 사람들. 어린 사람들.

생각을 조종할 순 있지만 꿈을 조종할 순 없어.

지나간 꿈이야.

조금 더 눈을 감고 기다려봐.

네 머리카락이 내 잠에 엉켰어.

꿈을 꾸고 있는 거야.

네가 꿈에 대해 더 많은 이야기를 할 때 나는 잠에 붙들린 채 눈도 못 뜨고 심장만 두근두근 뛴다. 꿈에서 현실로 '달려오다' 속눈썹을 두고 올 때도 있다. 그런 날은 종일 눈이 따끔거린다. 그러지 않기 위해 아주 천천히, 천천히 잠에서 깨어나야 한다.

꿈속에서 속눈썹은 유난히 무거우니까.

코
—감기전感氣傳

 감기에 걸리면 코가 주인이 된다. 몸에서 코만 따로 사는 것 같다. 따로 사는 '코'께서 내 몸에 놀러오셨으니 몸이 손님을 맞이하는 것처럼 불편해진다. 머리는 뜨겁고 발은 차갑다. 살갗을 감싼 옷이 따가운 실타래처럼 느껴진다. 어깨와 목은 돌덩이를 올려놓은 듯 무겁고, 이쪽에서 저쪽으로 몸을 움직이는 것조차 힘겹다. 의기소침, 활기를 잃은 혀 때문에 무얼 먹어도 맛이 느껴지지 않는다. 이 모든 것이 다 손님 흉내를 내는 코 때문이다. 코의 튀는 행동 때문에 몸 곳곳이 만신창이다.

 '코'께서는 반갑지 않은 손님 둘을 데려오셨는데 바로 콧물과 미열이다. 그들은 수줍음이 많아 내게 특별히 말을 걸진 않지만, 부산하고 단정치 못한 몸가짐 때문에 한시도 잊을 수 없게 만드는 능력을 지녔다. 얼굴 위를 흐르기도 하고 머릿속을 띵하게 만들기도 하면서, 그들은 집에 놀러와 돌아가지 않는 손님처럼 활개를 친다. 교양이라고는 찾아볼 수 없는 손님들이 방 곳곳을 히죽거리며 누비는 모습, 수줍은 미소를 띠며 눈치 없이 여기저기 함부로 드나드는 모습이 얄밉다.

억울하지만 방법이 없다. '코'는 몸에 있어 퍽 중요한 존재이기 때문이다. 그가 당분간 손님이 되겠노라, 마음대로 선언하셨으므로 별수 없이 따라야 한다. 혹시 '코'께서 화가 나서 아예 몸 밖으로 영영 나가버리겠노라고 으름장이라도 놓으면 곤란하므로, 그저 견딜 수밖에.

아프게 되면 아픈 부위가 곧 '손님'이다. 머리가 아프면 머리가 손님이 되고, 배가 아프면 배가, 발톱이 아프면 발톱이, 이가 아프면 이가(이는 손님 중 VIP! 각별한 고통을 주신다) 손님이자 왕이 된다. 살아가면서 너무 많은 손님은 모시지 않았으면 좋겠다. 몸 곳곳의 부위들이 죽을 때까지 도드라지지 않고, 있는지 없는지도 모르게 조화를 이루어 살 수 있다면 그게 가장 감사한 일일 텐데.

재채기와 함께 눈에서 눈물이 코에서 콧물이 찍, 하고 나오는 순간! '코'께서 유자차라도 끓여오라고 호통을 치신다. 이때 비죽, 고개를 내밀며 웃고 있는 콧물이 코보다 더 밉다.

시간이 지나 '코'께서 예전처럼 부드럽게 숨쉬고 심심할 때 코딱지나 모으시면서, 제발 도드라지지 않고 몸의 일부로서 겸손히 살아주셨으면 좋겠다. 콧물을 손등으로 훔치며 유자차를 끓이러 가는 길, 가스레인지까지 멀기도 하다.

고양이

보지 속에 얼굴이 있다면, 고양이 얼굴 모양일 거야.

새끼손가락에게 친구가 있다면,
밀교 신자에게 숨은 사랑이 있다면 고양이 같을 거야.

끝내 사랑에 실패한다면,
지구가 몰래 한순간 멈춘다면, 안경이 귀를 막는다면
고양이 때문일 거야.

섹스할 때 갑자기 눈물이 난다면,
고개를 숙일 때 목구멍에서 뱀이 튀어나올 것 같다면

기어가는 지렁이를 깨물고 싶어진다면 모두,
내 속에 들어온 고양이 때문일 거야.

춤, 말보다 앞선 언어

　나는 언어를 이리저리 늘어놓거나 빼보면서 골몰하는 사람 중 하나이지만 언어를 쉽게 믿지 않는다. 언어만큼 한계에 부딪치기 쉬운 게 없기 때문이다. 때때로 어떤 감정이 몸속에 들어와 휘몰아치고 위아래로 걸어다니며 장기와 피를 교란시킨다. 그런데 이 감정을 어떻게 말해야 좋을지 알 수 없어 무력함을 느낄 때가 있다. 긴 글을 써야 할 때나 아주 많은 말을 해야 할 때면 숨이 턱 막히기도 한다. 긴 이야기를 듣거나 읽는 일은 즐길 수 있지만 내가 나서서 장대한 이야기를 해야 한다면 어디로든 숨을 곳부터 찾는 타입이다. 마치 광장 한복판에 서서, 수없이 많은 콩을 줄 맞춰 길게 늘어놓는 임무를 맡은 사람처럼 버겁다.

감정이나 스토리를 전달하는 데 있어 완벽한 도구는 말이 아니다. 말은 감정과 상황과 스토리가 다 지나간 뒤에 '겨우' 남는 찌꺼기일지도 모른다. 무슨 일이든 말이 먼저인 경우는 없다. 말은 가장 마지막에 혼자 남은 자가 긁어모아 기록할 수 있는 연약한 도구일 뿐이다. 물론 말이 전부이거나 완전할 때도 있다. 선언과 예언, 잘 표현된 문학작품에서는 말의 위력이 크다. 그러나 일상에서 많은 경우 말은 참 무용지물이거나 요령부득, 사고뭉치일 때가 많다. 말보다 더 효율적이고 강한 도구는 몸이다. 몸은 말보다 적절한 언어를 더 잘 찾는다. 말은 수없이 거짓말을 할 수 있지만 몸은 웬만해선 거짓말을 하지 않는다(먹는 대로 찌는 살들을 생각해보라! 몸은 냉정하다). 상대방을 좋아한다는 표현을 할 때 말은 실수하거나 많은 것을 빼먹고 전달하지만 몸은 좋아하는 정도를 거의 근사치로 표현할 수 있다.

춤은 말보다 앞선 언어다. 독일의 무용가이자 안무가인 피나 바우쉬는 "나는 무용수들을 어떻게 움직이게 할 것인지가 아니라 무엇이 그들을 움직이게 하는가에 더 관심이 있다"고 말했다. 춤은 감정의 소용돌이에서 몸과 박자를 같이한다. 감정과 몸을 거의 동시에 움직이게 한다. 무용수가 슬픔에 대해 춤을 추려 할 때, 몸속에서 일어나는 슬픈 감정과 표현으로써 동작은 동시 사건으로 벌어진다. 춤은 그 자체로 사건이다(말은 사건 이후에 오거나, 사건을 처리하기 위해 등장한다). 무용수가 점프를 할 때 그의 몸을 타고 뛰어오르는 두려움이나 슬픔, 격정과 환희의 감정은 몸을 통해 실제 높이를 입는다. 무용수가 사랑을 연기할 때, 그는 발가락 끝부터 머리카락 끝까지 사랑을 소용돌이처럼 이끌고 돈다. 관객에게 알린다. 사랑이라고, 내가 사랑이라고!

피나 바우쉬에 관한 다큐멘터리 영화 〈피나〉를 보고, 춤에 대해 다시 생각하게 되었다. 무용수의 어떤 동작을 보고는 눈물이 흐르기도 했는데, 춤을 보면서도 울 수 있을 거라고 생각한 적이 없어 놀랐다. 몸의 도약과 헐떡임, 발끝에서부터 감정을 표현해내는 무용수에게, 강렬한 느낌을 받았다.

피나 바우쉬는 살아 있는 나무 인간, 유연한 나뭇가지다. 오른손을 왼쪽으로 움직일 때 꽃 피는 나뭇가지가 오른쪽에서 왼쪽으로 이동하는 것처럼 보인다. 얼굴과 목, 쇄골, 앙상한 가슴, 팔꿈치, 손목, 손가락, 허리, 고관절, 대퇴골, 무릎, 정강이, 발목, 발가락이 모두 입을 가진다. 입술에서 나오는 말은 몸 곳곳에서 터져나오는 언어를 제압할 수 없다. 그녀의 무용수들은 단순히 아름다운 것을 넘어 황홀하고, 슬프고, 생각이 많은 몸을 가지고 있다. 몸이 저렇게 다양한 생각을 표현할 수 있다니! 생각의 주체가 뇌가 아니라 무릎이라니, 엉덩이라니, 기다란 목이라니!

취미 발레를 배워보겠다고 발레 학원에 등록한 일은 순전히 피나 바우쉬 때문이었다. 친구들은 내게 격려와 응원을 해주는 대신 크게 웃으며 놀려댔다. 그도 그럴 것이 서른이 넘어 발레를 배운다는 것이 쉽지 않을뿐더러 내 몸은 발레리나처럼 유연하고 가느다랗지 않으니까, 뻣뻣한 몸으로 낑낑거리며 움직일 것을 상상해보면 우습기도 했을 것이다.

자, 그러나 발레를 배우기로 한 나는 진지했으니 그래서 더 웃기다. 나는 일주일에 세 번 발레 수업을 들었다. 4개월째 겨우 기초반을 떼고 레벨 1 수업을 듣고 있는데, 레벨 1만 약 1년 정도 해야 겨우 레벨 2로 올라갈 수 있는 실력을 갖게 된다고 했다. 열심히 해도 발레리나처럼 우아한 자세와 몸매가 되기는 힘들겠지만 난생처음으로 배우는 분야라 신기하고, 생각할 거리가 많아 즐거웠다.

발레를 배우면서 몸의 원리를 이해하고 자신을 제대로 표현하는 데 춤만한 것이 없다는 것을 알았다. 물론 몸을 이해하는 것과 몸이 따라주는 것은 달라 좌절하게 되지만, 이해한 것을 조금씩 흉내내보는 것만으로 아직까지는 즐겁다.

운이 좋게도 내가 다니는 학원의 선생님들은 발레 단원으로 활동한 경험이 있는 전문가들이라 기본기를 제대로 가르쳐주었다. 선생님들이 수업 시간에 하는 말은 춤에 대한 설명이라기보다 오히려 시에 가까웠는데 가령 이런 말들이 흥미로웠다.

발가락을 나무뿌리처럼 만들어, 아래로 아래로 땅속에 심으세요. 흔들리지 않도록 깊게.

척추는 기다래져 계속 자라야 하고, 목을 지나 동그란 머리통을 하늘에서 누가 계속 잡아당기는 것처럼, 길어지세요!

누가 정수리를 잡아당기고 있다고 생각하세요.

팔을 드세요. 물방울을 떨어뜨리면 또로록, 굴러갈 수 있게.

선반 위에 올려놓은 것처럼 팔꿈치를 올려 들어요.

몸을 나눠 쓰세요. 어깨부터 팔꿈치, 팔꿈치부터 손목, 손가락도 따로따로.

선생님의 말대로 동작을 따라 하려 애쓰면서 내 머릿속은 황홀해졌다. 이게 시 수업이 아닐까, 의심이 드는 것이다. 내가 나무가 되어 땅에 박힐 수 있다니, 누가 나를 위에서 잡아당기고 있다니 재미있지 않은가?

발레는 '날기 직전의 새'를 표현해내는 춤이다. 날아가려 애쓰지만 정작 날지는 않고 날기 직전의 상태. 총으로 말하자면 발사 직전. 함부로 발사할 수 없는 총알. 우아하고 긴장된 놀이. 뛰었다가 멈추고, 몸을 폈다가 재빨리 웅크리는 긴장. 꼿꼿하면서 동시에 부드러운 몸은 그 안에 내포하고 있는 다양한 모순

들로 아름다움을 갖는다. 마치 잡아먹힐 운명에 처한 작은 새가 포식자 앞에서 살려달라고, 목숨을 담보로 유혹하며 추는 춤 같다(셰에라자드처럼). 현명한 포식자라면 춤추는 동안 그를 결코, 잡아먹지 못할 것이다.

꽃기린 위를 걸어오는 바람

발톱을 세운 봄의 구두

바닥에 세워놓은 염색체 무리

뿌리에서 놓여난 식물

유연한 나뭇가지

척추가 늘어나는 밤과 낮
시치미를 발목에 달고
허밍으로 비밀을 발설하는 무희들

감은 눈으로 긁적이는 먼 나라의 문자

목숨을 담보로 춤추는, 포식자 앞의 새

잃었다는 기억을, 잃은, 날개

수천 송이 코스모스들이 이룬 벨벳 혁명

춤추라!
소리를 빼앗긴 노래들아

가장 부드러운 것들이 모여
쏟아지지 않는 발기를 이루고

이 모든 것 사이를 흘러다니고 싶어요

―졸시, 「무용수」 전문

언어가 가진 슬픔은 아무리 노력해도 조금의 '선부름'이 개입한다는 것이다. 무용수에 대해 노래하려 애썼지만 표현에 한계를 느끼고 만다. 미숙한 내 언어만으로는 무용수를 제대로 표현하기 어렵다. 발레리나의 춤을 한번 보는 것만 못하다. 백문百聞이 불여일견不如一見이란 말, 춤 때문에 나온 말은 아닐지.

중요한 모든 것은 몸이 먼저 알고, 몸이 먼저 느낀다. 몸은 거짓말을 하지 않고, 왜곡하지 않는다. 사랑한다는 말도 좋지만 쓰다듬는 것이 더 좋다. 사랑도 춤도 시도 인생도 결국 몸을 얼마나, 제대로 사용하는지에 달려 있는 게 아닐까?

4
부

**방금 태어난 눈물은
모두 과거에 빚지고 있다**

슬픔은 슬픔대로 즐겁다

 이십대 중반에 빈센트 반 고흐의 작품 〈슬픔Sorrow〉을 좋아했다. 좋아했다, 라는 표현만으로는 부족하다. 나는 내내 그 작품에 사로잡혀 있었으니까.

 시엔Sien은 힘없이 구불거리는 머리카락을 가졌다. 마디가 굵어진 손가락을 가졌다. 손끝의 느린 춤을 가졌다. 더이상 소리를 낼 수 없는 종처럼, 늘어진 젖을 가졌다. 낳을 수도 낳지 않을 수도 없는 슬픔을 뱃속에 담고 울고 있었다. 어쩌면 울 기운이 없어 무릎 사이에 고개를 처박고 시간이 지나가기를 기다리고 있는지도 모른다. 나는 시엔의 슬픔을 바라보다 밑에 쓰여 있는 'Sorrow'라는 단어를 끝으로 겨우, 그림에서 달아나곤 했다. 달아나봤자 다시 마주한 것은 내 슬픔이었지만.

이십대는 감정 과잉과 열망이 엉킨 소란한 시기다. 많은 젊은 이에게 슬픔은 죽음과 맞닿은 듯한 슬픔이며, 걱정과 불안이 고약하게 활개를 치는 시기이다. 고래떼 같은 걱정이 몰려오거나 침대를 휘감고 사라지는 파도 앞에서 젊은이들은 슬픔의 먹이가 되는 일이 많을 것이다. 나도 그랬다. 슬픈 일들은 유독 나를 통해 뿌리내리고 싶어하는 것 같아 보이던 그 시절. 멍하니 앉아 있으면 사람들로부터 왜 우느냐는 질문을 받았다. 눈물이 흐르지 않는데도 우는 것처럼 보였던 시절, 시엔처럼 무릎 사이에 얼굴을 파묻고 울던 저녁도, 바닥에 엎드려 시를 쓰다가 괴로움에 몸부림치던 새벽도 있었다.

알 수 없었다. 왜 이토록 슬픈지. 왜 슬픔은 나를 좋아해서 하필 내 위에서 요란하게 작두를 타고 싶어하는지, 아니 내가 슬픔을 좋아하는 것은 아닌지 의아했다. 슬픔이 나를 침범하도록, 기꺼이 침범해서 마음대로 농락하고 괴롭히도록 두었다. 반항할 힘이 없었고, 힘을 내고 싶지도 않았다. 나는 슬픔이 활활

타오르는 죽은 나무 같았다.

  오랫동안 고흐의 그림 위를 서성였고, 슬픔 속에 척추를 세우고 살다 간 프리다 칼로의 고통에서 위로를 받았다. 오븐에 머리를 처박고 죽을 수밖에 없던 실비아 플라스나 슬픔으로 짓무른 듯한 최승자의 얼굴, 비석처럼 기괴하게 서 있는 에곤 실레의 자화상을 사랑했다. 방문을 닫고 이성복의 첫 시집 중 아무 곳이나 펴서 소리 내 읽기도 했다. 울기 위해서. 슬픔을 밖으로 내보내지 않으면 살 수 없을 것 같았다. 슬픔을 해소하는 유일한 방법은 슬픔에 젖은 예술가들의 작품을 보는 것이었다. 독을 해독하기 위해서는 독이 필요한 것처럼.

  그때 슬픈 시를 많이 썼다. 슬픔에 대한 시를 쓰다, 열한 편을 모아 공모전에 보내고 자연스럽게 등단을 했지만 중요한 일은 아니었다. 등단보다 중요한 것은 슬픔을 적극적으로 느끼고, 슬픔에 삶을 빌어먹는 일이었다.

  이십대를 벗어나고 어느 정도 지난 뒤. 슬픔이 지긋지긋해졌다. 이상한 반항 심리가 솟구쳤다. 왜 슬퍼해야 하지? 해사한 일들, 참새같이 짹짹거리는 일들로 웃고 즐기는 날들을 왜 향유하면 안 되지? 심각하게 생각하지 말고, 행복과 안녕을 위해 생산적인 감정만 만들어내면 안 될까? 나는 어느 순간 슬픔에 대해 적대적인 감정까지 갖게 되었다. 슬픔을 내 인생에서 추방시키고 싶었다. 슬픔은 슬픔이란 이유만으로 유죄였다. 회사를 다녀 돈을 많이 벌고 싶었고, 보란듯이 평안한 얼굴과 마음가짐으로 웃고 싶었고, 시를 위해서가 아니라 제대로 돈을 벌며 살기 위해 시간을 쓰고 싶었다. 10년에 걸쳐 써온 일기장과 습작 노트들을 죄다 갖다 버렸다. 가지고 있기엔 너무 무겁고 축축했다. 벗어나고 싶었다. 슬픔이 내 발끝에도 오지 못하도록, 틈을 주지 않았다. 바쁘게 살았고, 웃었고, 즐겁게 지내려고 노력했으며, 회사도 열심히 다녔다. 슬픔이 잠시 내 앞에 앉으려고만 해도 벌떡 일어나서 다른 곳으로 가버렸다. 기회를 주지 않았다. 생각을 단순하게 했고, 얼마 동안 시도 쓰지 않았다.

그렇지만 완벽하게 슬픔을 차단한 인생이란 게 무슨 의미가 있을까? 회의가 들었지만 여전히 슬픈 감정은 두려웠다. 슬픔에 대한 역치가 낮아져 있었다.

꽤 행복한 얼굴을 '겨우' 만들어가지고 부암동에 놀러간 어느 날. 우연히 윤동주 박물관에 들르게 되었다. 윤동주라, 윤동주. 내가 슬픔에 젖어 있던 많은 날 "모든 죽어가는 것을 사랑해야지"라는 구절에 기대 꽤 오랜 시간을 견뎠었지. 박물관에 전시된 자료들을 보다 나는 어느 시 앞에서 벼락을 맞은 것 같은 기분을 느꼈다. 피하고 싶어 오랜 시간을 공들였는데, 결국 만나버린 인연, 혹은 숙명 같았다.

슬퍼하는 자는 복이 있나니
슬퍼하는 자는 복이 있나니
슬퍼하는 자는 복이 있나니
슬퍼하는 자는 복이 있나니
슬퍼하는 자는 복이 있나니
슬퍼하는 자는 복이 있나니
슬퍼하는 자는 복이 있나니
슬퍼하는 자는 복이 있나니

저희가 영원히 슬플 것이오.

— 윤동주, 「팔복八福」 전문

  시인은 여덟 번에 걸쳐 "슬퍼하는 자는 복이 있나니"라고 말하고 있다. 마치 저주처럼, "저희가 영원히 슬플 것이오"라고 마지막을 못박고 있었다. 세로글씨로 또박또박 쓰여 있는 윤동주의 자필 시를 보면서, 가난한 시인의 방과 고통스러운 생 앞에 벌거벗고 서 있는 기분이 들었다. 부끄러웠다. 눈물이 날 것 같은 걸 애써 참았다. 자고로 슬퍼하는 자, 대신 울어주는 자[곡비哭婢]가 시인의 숙명인 것을 윤동주 시인은 척박한 환경에서도 받아들이며 긍정했는데 나는 벗어나기 위해 도망치고 피해 다녔다. 슬퍼하는 일 외에 시인이 할 수 있는 일이 뭐가 있단 말인가? 이 시 앞에서 작게나마 깨달음을 얻은 나는 윤동주의 시 앞에서 다짐했다. 슬픔을 두려워하지 않기로, 슬퍼하는 일을 오히려 복되고 귀한 일로 생각하기로.

  사랑이 질병인 것처럼, 내 이십대는 질병과 같았다. 슬픔도 가장 격렬한 슬픔만, 아픔도 가장 치명적인 아픔만 골라 껴안았다. 다시 돌아갈 수 없는 그 시절의 슬픔은 폭죽처럼 터져버렸고, 이미 사라졌다. 시간이 갈수록 폭죽에 대한 기억도, 귓가를 울리던 굉음도 희미해질 것이다.

그러나 한 시절 사랑한 것들과 그로 인해 품었던 슬픔들이 남은 내 삶의 토대를 이룰 것임을 알고 있다. 슬픔을 지나온 힘으로 앞으로 올 새로운 슬픔까지 긍정할 수 있음을, 세상은 슬픔의 힘으로 아름다워진다는 것을 이제 나는, 겨우, 믿는다.

슬퍼하지 않으면 우리는 아이들을 키울 수 없을 것이고, 힘없는 자들을 가여워하지 않을 것이며, 나누지 않고 사랑하지 않을 것이다. 무엇보다 슬퍼하지 않으면 더이상 어떤 시나 노래도 태어나지 못할 것이다.

믿어야 한다. 슬퍼하는 자는 복이 있나니. 슬픔은 슬픔대로 즐겁다!

고모 방

 고모 방은 작고 아늑했다. 하이든 사진이 걸려 있고 침대와 화장대, 키 낮은 책장이 있었다. 초등학교 고학년 때 고모의 책장에서 신경숙 소설 『깊은 슬픔』이나 최영미 시집 『서른, 잔치는 끝났다』를 읽었다. 신경숙 소설에는 야한 장면이 나와 심장이 두근거렸고, 최영미의 시집은 무슨 말인지 제대로 알아듣지 못하고 책장을 덮었다. 서정윤 시집 『홀로서기』도 있었는데 완전히 이해할 순 없었지만 어떤 슬픈 마음이 생겨나는 것을 느꼈다. 그게 뭘까, 생각하며 마음의 출처를 찾아 서성거리는 게 재밌었다. 고모 방에는 당대의 베스트셀러들과 어둡고 조용한 분위기가 함께 어울려 살고 있었다. 고모가 피아노 학원에 아이들을 가르치러 가고 나면 혼자서 책을 꺼내 보거나, 침대에 잠깐 누워 줄기도 했다.

고모는 엄격했지만 때론 상냥했으며, 내가 알기로 마음이 여렸다. 자신만의 교육 철학이 있었고 독서를 가장 중요하게 생각했다. 내가 취학하기 전부터 동화책을 베껴 쓰게 했는데 나는 끙끙거리며 동화책을 필사하다 한글을 깨쳤다. 순전히 고모가 무서웠기 때문에 시키는 대로 책을 읽고, 동시를 달달 외웠지만 이때의 독서 체험과 자연스럽게 밴 동시의 리듬이 훗날 내 문학의 토대가 되어주었다.

고모는 대학로 파랑새 극장에서 어린이 연극도 자주 보여주었다. 덕분에 나는 삐삐며 피노키오, 헨젤과 그레텔, 장화 신은 고양이가 실제로 있다고 믿었다. 무대에서 그들은 싱싱하게 살아 움직였으니까. 거짓말을 하면 코가 자라날까봐 뭉툭한 코를 만져보며 두려움에 떨던 기억이 난다.

어느 날 고모는 방에 들어가 문을 닫고 혼자 영화를 봤다. 어린애들은 볼 수 없는 영화라고 했는데, 볼 수 없다니까 더욱 궁금했다. 비디오테이프 제목을 살짝 봤더니 〈퐁네프의 연인들〉이었다. 호기심이 가득한 눈으로 고모를 바라봤지만, 보게 해달라고 조를 수는 없었다. 고모는 목소리와 분위기만으로 아이들을 제압하는 사람이었다.

이십대 중반에 프랑스 영화감독 레오 카락스의 작품을 하나씩 찾아보던 중 〈퐁네프의 연인들〉을 발견했다. 고모가 떠올랐다. 영화를 두 번 봤고 가슴이 아팠고, 두근거렸다. 고모에 대해 오래 생각했다. 고모는 씩씩하고 활기차 보였고, 어떤 일이든 혼자 해결하려 했다. 피아노 학원을 운영하며 살림을 책임졌던 집안의 큰어른이었고 강해 보였다. 지금 생각해보면 고모도 나처럼, 나와 똑같이 상처받기 쉽고 삶이 간단치만은 않은, 때로 힘겨워하며 어둠 속을 헤매던 사람이었던 것 같다. 풍부한 감성과 꿈을 지닌 평범한 여자. 강철로 만든 사람이 아닌 그냥 약한 사람. 고모는 많은 날을 고모부와 소원하게 지내며, 외롭고 찬 시간들을 어떻게 보냈을까? 누군가에게 기대고 싶을 때, 아무도 없다고 생각했을 때는 얼마나 두려웠을까?

생각난다. 어릴 적 철없는 내가 고모는 피아노를 아주 잘 치잖아요, 그런데 왜 피아니스트가 안 됐어요?라고 질문을 하면 어두운 종이 한 장이 얼굴에 내려오듯, 슬픈 표정으로 변하곤 했던 고모의 얼굴. 툭, 떨어지던 고개.

〈퐁네프의 연인들〉에서 다리 위를 걷는 줄리엣 비노쉬의 얼굴을 보며 젊고 예쁜 아가씨였던 고모, 아직 삶의 어두운 면을 보기 전 발랄했을 고모를 떠올려본다. 지금도 신문에서 읽은 문태준이나 안도현의 시에 대해 나와 이야기하길 좋아하는 고모. 작고 어두운 방에서 혼자 웅크리고 낮잠을 자던 고모. 내게 피아노와 〈클레멘타인〉 노래를 가르쳐주고, 수많은 인형극과 책을 보여주고, 문학의 씨앗을 심어준 고모가 벌써 육십대 중반이다. 한없이 강할 것만 같던 고모가 얇아지고 있다. 무릎 수술을 해서 목발을 짚어야 걸을 수 있다. 부스러지기 쉬운 꽃잎 같은 고모의 인생이 내 앞에 흘러간다.

할머니

할머니가 돌아가셨을 때 알았다. 세상의 강물들이 가난해지고 있음을. 구절초가 중심부터 썩듯이 빈 젖의 까만 꼭지부터 세상에서 사라지고 있음을.

어릴 때 할머니의 젖이나 팔뚝 안쪽, 늘어진 살을 만지며 잠들었다. 할머니는 엄마는 아니지만 엄마보다 진했고 나긋나긋했으며, 낙관적이었다. 엄마들에게는 없는, 삶을 관조하는 관록이 있었고, 엄마들에게는 있는 긴장과 호들갑이 할머니에겐 없었다. 할머니의 '적당한 늙음'이 좋았다. 나 말고 다른 아이를 낳을 가망 없음이, 언제나 품에 나만 안을 것 같은 안정감이 좋았다.

할머니는 삶은 밤을 숟가락으로 파내 밥그릇에 모아놓고 설탕을 뿌린 뒤 내게 주었다. 숟가락을 입속에 넣었다 빼면 밤 부스러기가 침과 섞여 숟가락에 축축하게 달라붙었다. 숟가락에 붙은 부스러기를 떼어 먹고 있으면 할머니의 손이 머리카락을 쓸어 넘겨주었다. 할머니는 삶은 옥수수도 한 알 한 알 떼어내 밥그릇에 담아놓았다가 내가 오면 주었다. 옥수수는 입속에서 몽글몽글 굴러다니다 터졌다.

할머니는 멋쟁이여서 외출하기 전 헤어롤('구르퍼'라 부르던)을 머리에 말고 거울('색경'이라 부르던) 앞에서 이 옷 저 옷을 입어봤다. 매니큐어를 바를 때면 모가지를 빼고 구경하던 나를 가까이 앉히곤 내 손톱 위에도 발라주었다. 할머니는 다양한 옷과 모자를 가지고 있었고, 시간을 들여 치장했으며 조용한 발걸음으로 외출했다. 할머니가 할아버지에게 시집을 온 이유는 풍금 때문이라고 했다. 그 시절에 풍금이 있던 집이 흔하지 않았는데 할아버지 댁에 풍금이 있었고 할머니는 평생 풍금을 치며 살 수 있겠구나 싶어 결혼을 결심했다고 한다. 평생 풍금을 치며 사는 꿈이 이루어졌는지는 모르겠으나, 어릴 때 나는 할머니가 피아노 앞에서 나훈아의 〈해변의 여인〉을 치는 것을 종종 들을 수 있었다. 누워서 할머니가 연주하는 애잔한 선율을 들으면 기분이 이상했다. 피아노 소리를 듣다 까무룩 잠들기도 했다.

할머니는 '민씨' 집안에 대한 자부심이 있었고(왕비를 여럿 배출했다나?), 변호사였던 아버지와 경성제대를 나와 판사를 하던 오라버니, 곱고 반듯해 시집을 잘 갔다는 자매들 자랑을 많이 하셨다. 돋보기를 끼고 신문이나 책을 보셨고, 안성의 조병화 시인을 좋아하셨다. 할머니는 누구보다 내가 시를 쓰는 사람이 된 것을 좋아하셨는데, 얼마 전까지만 해도 전화를 걸어 '시를 잘 짓고' 있는지 물으셨다. 그때마다 나는 왠지 물레 잣는 일이 떠올라 시를 쓸 때는 '물레 잣듯이' 흔들흔들 온몸을 기울여 써야지, 하고 다짐했다.

할머니는 올봄에 소리도 없이 돌아가셨다. 벚꽃이 만발해 할머니를 보내는 풍경이 음울하지만은 않았다. 염을 할 때 할머니 얼굴이 얼마나 고운지 작은 학 한 마리가 막 잠이 든 모습 같았다. 마지막까지 평생 아픈 손가락, 막내아들인 내 아버지의 죽음을 끝내 모른 채 잠든 할머니. 나는 많이 울지 않았다. 다만 나를 지탱해주던 뿌리의 한 부분이 휘발되어 몸이 전보다 가벼워진 기분이 들었고, 과거가 좀더 무거워졌다고 느꼈다.

말랑말랑했던 할머니의 젖. 나와 내 아버지가 한동안 매달리고 사랑했던 부드러운 그네. 그것이 불속에서 사그라졌으리라고 생각하면 견디기 힘들다. 그것은 터벅터벅 걸어, 다른 곳으로, 흘러갔을 것이다. 타버린 것은 기억이자 그리움이지, 실체가 아니라고 생각하는 것은 어리석은 내 자유다. 그녀의 살과 주름과 냄새와 숨결은 지금도 다른 곳으로 가고 있을 것이다.

잃어버린 것들은
모두 유년에 가 산다

　다섯이나 여섯 살 무렵이다. 목욕을 막 끝낸 나는 수건에 감싸여 큰방에 놓였다. 나는 시무룩하게 멈춰 있는 작은 동산이 되었다. 텔레비전에서 나오는 파란 불빛으로 어둑한 방이 일렁였다. 나는 주저앉아 '처음으로' 내 몸을 살펴보기 시작했다. 연하고 부드러운 살갗 속에 무언가 신비한 길이 있을 것만 같았다.

　벌어진 사타구니에서 갈라진 틈을 하나 발견했는데, 그때까지 한 번도 그곳을 진지하게 들여다본 적이 없었다. 그 시기의 아이들이란 무엇이든 진심으로 궁금해하며 제대로 관찰하는 법을 안다. 나 역시 몸에 대해 제대로 고찰해보겠다고 마음먹고, 모가지를 길게 빼 아래쪽으로 수그리고는 시선을 고정시

켰다. 손가락을 족집게처럼 사용해 비밀스러운 틈을 헤집어보려는 찰나 등허리를 쩍, 하고 때리는 손이 있었다. "뭐 하는 짓이냐"는 집안 어른의 호통이 이어졌다. 생각보다 엄한 목소리와 작은 등에 퍼지는 타격의 여운 때문에 딸꾹질이 날 정도였다. 고개를 떨어뜨렸고, 영문도 모른 채 부끄러웠다. 내가 막 들여다보려 했던 곳이 대단히 은밀한 장소이며 떳떳하지 못한 곳이라는 생각이 들었다. 금서를 읽으려 했기 때문에 혼이 난 것이라고 생각했다. 나는 내 몸의 일부이지만 한없이 먼 곳, 중심에 있지만 변방 취급을 받는 곳, 싸고 숨기기에 급급한 치부로 취급받는 곳을 '팬티'로 깔끔하게 감춰놓아야 한다는 것을 그때 배웠다.

이것은 수치심에 대한 내 첫 경험이다. 몸에 대해 '부끄러움'이란 감정이 들 수 있다는 사실, 무언가를 제대로 들여다보려는 욕구는 부끄러움을 불러올 수 있음을 이때 알았다. 다시는 사람들이 보는 곳에서 어른들이 '잠지'라고 부르는 그곳을 열어보지 말아야겠다고 결심했다.

취학 전 아이들에게 세상에 대한 '선입견'을 제일 먼저 심어주는 인물은 어른들이다. 아이들은 그들을 통해 세상을 보고 배운다. 부모가 주는 음식, 데리고 가는 장소, 입 밖으로 내는 말들을 통해 세상을 접한다. 어른들은 오래 묵은 시선으로 어린아이의 '첫 체험'을 구속하거나 통제하려 든다. 어린아이에게 생식기는 불온한 것이 아니다. 어느 날 모기에 물려 발견하게 된 무릎 뒤편이 '오금'이라는 사실을 알게 되는 것처럼, 알지 못했던 몸의 한 부분을 들여다보고 '스스로 인식'할 수 있게 놔둔다면 좋을 텐데. 아이들은 스스로 판단할 기회를 잃는다.

내 몸에 대한 인식이 '타자의 시선'에 의해 통제받았기 때문에 이따금 억울하다. 취향과 입맛을 갖기까지, 언제 또 등짝을 맞을지 몰라 눈치를 보았다. 타인이 좋아하는 외모를 만들기 위해 조금이라도 애썼다면, 유년에 겪은 경험과 강요된 자기검열 때문일지도 모른다. 결국 찰흙처럼, 굳어지기 전까지 누가 어떻게 형태를 빚어놓는지가 중요한 것이다.

오늘의 불안이, 등짝을 맞고 시무룩해졌던 유년의 나에게 귓속말을 하는 밤. 뭔가 중요한 것을 잃어버린 것 같은데 그게 뭔지 모를 때가 있다. 내 진짜 모습. 깎이기 전 원석의 내 모습, 아무것도 아닌 첫 찰흙 그대로의 내 모습! 어쩌면 처음 느낀 부끄러움이나 가벼운 죄의식, 그리움이나 불안, 연민과 두려움, 날것의 감정들이 한꺼번에 술렁이는지도 모르겠다. 그건 어디에 살고 있는 것일까?

눈을 감고 오래된 터널을 걸어가다보면 알 수 있다. 우리가 잃어버린 것들은 모두 유년에 가 산다. 유년에서 아직 살고 있다. 때문에 오늘의 내가 불안을 느끼고 주눅이 들었던 것이다.

만져보고 싶은 것은 등짝을 얻어맞기 전에, 아니 등짝을 맞더라도 만져보자. 유년에 아직 많은 것이 살고 있을 테니까.

내 침대 아래
죽음이 잠들어 있다

 많은 사람이 죽었다. 그들은 나와 가까웠던 적이 있거나, 가깝거나, 가까울 수도 있었을 사람들이다. 죽음은 최근 3년 동안 내 아버지와 할아버지, 할머니, 사랑하는 사람의 어머니를 데려갔다. 정말로 '데리고' 갔다. 그들이 어느 곳에서 어떤 상태로 머물고 있는지, 혹은 완전히 사라졌는지 나는 알지 못한다.

 누군가가 죽는다는 것은 다시는 그를 볼 수 없다는 것이다. 완전한 이별. 미련과 기대와 슬픔마저 사치로 만들어버리는 깨끗한 결단. 종지부. 두부를 삼키면 두부가 눈앞에서 사라지듯이 죽음은 그들을 삼켜 없애버린다.

죽는다는 것은 무엇일까? 그것은 불경하고 암울한 사태, 피하고 싶은 사건일까?

> 불건전이란, 마음속에서 자신의 죽음과 결별한 어른들의 발명품이다. 현자들과 어린아이들에게 죽음은 불길하거나 음산한 것이 아니다. 그것은 서 있는 탁자처럼, 부스러진 빵 조각처럼, 이불깃을 접어 넣은 침대처럼 거기 '있을 뿐'이다.
> ―크리스티안 생제르,
> 『우리 모두는 시간의 여행자이다』 중에서

한 사람이 죽을 때 완전히 숨이 끊어지기까지는 시간이 필요하다. 죽음을 맞이하는 자는 죽음에 대해 '시간'을 지불해야 한다. 현세에서 인연을 맺었던 자들과 헤어지기까지, 멈춘 적 없는 심장을 놓아주기까지, 들고 나는 숨이 완전히 끊어지기까지 시간을 들여야 한다.

아버지는 의식이 없는 상태로 천장을 바라보고 있었다. 눈도 깜빡이지 않았다. 무엇에 홀린 듯 눈동자는 미동도 하지 않고,

한곳을 응시했다. 나는 아버지와 아버지를 둘러싼 죽음이라는 사태, 곧 벌어질 사태를 바라보며 울고 있었지만 그들(아버지와 죽음)은 서로에게 깊이 연루되어 이쪽을 바라보지 않았다.

  나는 아버지라고 생각해오던 몸, 지금은 죽음을 감싼 테두리로 전락한 몸을 만져보았다. 아버지의 몸은 몸이 아니라 죽음의 껍질로 변해가고 있었다. 뻣뻣하고 하얀 머리카락, 아직 따뜻하지만 기억을 잃기 시작한 손가락들, 숨길 게 아무것도 없는 지붕처럼 둥글게 멈춰 있는 무릎 두 개(열려고 마음먹으면 금방이라도 열릴 것 같은 두 개의 지붕), 나무껍질처럼 까칠까칠한 발바닥을 차례로 만져보았다. 무엇보다 아버지의 눈과 내 눈을 맞추고 싶었지만 할 수 없었다. 아버지의 눈 속엔 아귀가 살고 있는 듯 하염없이 허공을 물어뜯고 있었다. 해결할 수 없는 허기가 아버지 눈 속에 있었고, 동공은 열려 있었다. 활짝 열려 있지만 더이상 누구도 들이고 싶어하지 않는 문처럼, 아버지는 무엇도 제대로 보려 하지 않았다. 그것은 '본다'라는 말보다 허공에 붙박이다'라는 말과 어울렸다. 아버지는 그 상태로 중환자실에서 만 하루 동안 '시간을 보내다' 완전히 죽음에 속하게 되었다. 기다리는 동안 나는 이번에는 아버지가 정말로 죽음 쪽으로 흘러가고 있다는 것을 알 수 있었다. 전에 수도 없이 병원에 왔었고, 중환자실에서도 두어 번 고비를 넘겼던 아버지가 지금은 정말로 시간을 들여 죽음을 맞이하고 있다는 것을 알았던 것이다. 나와 가족은 아이러니하게도 아버지가 죽음을 맞이하는 데 들이는 시간을 기다렸다. 범박하게 말하자면 죽기를 기다렸다는 것인데, 그것은 옳은 표현이 아니다. 나는 아버지가 이승에서의 인연을 끊는 시간을 지불하고 있다 생각했고, 그게 옳다고 믿었으니까. 슬픔에 휘청거렸지만 아버지를 살려달라고 빌지는 않았다. 그때 이미 아버지가 죽음에게 너무 많은 것을 넘겨준 후라는 것을 알았기 때문이다.

완전히 숨이 끊어지기 전에 아버지는 입과 항문에서 시커먼 피를 쏟아냈다. 피는 검었지만 시트에 묻자마자 붉어졌다. 그 사람을 사랑하기 때문에 마지막까지 다 봤다. 끝까지 지켜봐주고 싶었다. 아버지의 성기는 투명하고 조그맣고 가여웠다. 그 아래로 많은 양의 묽고 검은 피가 쏟아져나왔다. 슬픔이 내 목을 눌렀고, 태어나서 한 번도 맡아보지 못한 비린내가, 죽음의 옷을 입은 비린내가 사방을 점령했다. 타는 듯한 냄새는 충격적이었다. 아직도 그 냄새가 떠오를 때가 많은데 가슴이 아파 울렁거린다. 사실을 말하자면 그 순간을 지켜본 것을 후회한다. 이 글을 쓰는 지금도 너무 힘들어 몇 번을 쉬며 쓰고 있다. 그러나 다시 돌아간다고 해도 나는 꼼꼼히 봤을 것이다. 아버지에 관해서라면 하나도 빠짐없이 겪고 싶기 때문이다.

염을 할 때 아버지의 손과 발, 내가 사랑하던 얼굴을 오래 만졌다.

지금도 만져보고 싶다.

가끔 만질 수 없다는 게 의아하게 여겨질 때가 있다.

할아버지는 아버지의 죽음을 지켜본 탓에 얼마 지나지 않아 돌아가셨고, 할머니는 아버지가 죽은 것을 모르지만, 볼 수 없는 탓에 애가 타 돌아가셨다(할머니는 긴 시간 아버지가 병원에 있어야 한다고 알고 계시다 돌아가셨다). 아버지는 사랑을 많이

받은 막내아들이었다. 할머니는 죽음으로써 더이상 막내아들을 애타게 찾지 않아도 되었다.

살아 있다는 것은 다시 말해 '한 번도 멈추지 않고' 살아 있다는 것이다. 새삼 이 사실이 놀랍게 느껴질 때가 있다. 나는 어떻게 멈추지 않고, 지금까지 온 걸까? 내 몸속을 흐르는 피는 어떻게 한순간도 흐름을 멈추지 않고 지금껏 움직여 왔을까? 새들과 한철 피고 지는 꽃들과 난쟁이 같은 버섯들, 크고 작은 동물들에 비해 사람은 태어나 죽기까지의 주기가 길다. 창문 앞에 흐드러진 목련은 나를 한 철 보겠지만, 나는 저 목련이 죽고 나서도 내년에 다른 얼굴로 오는 목련들을 '또' 볼 수 있다.

내게 죽음은 유예되고, 유예되고, 유예되고, 한없이 유예 가능할 것 같은 무거운 숙제다. 물론 오겠지. 결국엔 올 것이다. 내게도, 다른 모든 살아 있는 것들에게도. 죽음을 기약하지 않고 사는 사람은 아무도 없으니까.

내 침대 아래 죽음이 잠들어 있다. 죽은 듯이 잠들어 있는 죽음. 훗날 죽음이 눈을 뜨고 나를 바라보려 할 때, 피하지 않고 평온하게 받아들일 수 있기를 바란다. 후회 없이 살았고, 즐거웠다고. 사랑이 충만했다고 말하며 다 읽은 책을 덮듯이 삶을 탁, 닫고 싶다. 그다음 죽음의 손을 잡을 것이다.

어느 날 책을 보다 너무 놀라 책을 떨어뜨렸다. 책장을 넘기던 손가락에서 별안간 아버지의 손을 보았다. 천천히 다시 들여다보니, 내가 아버지의 손을 빼닮았다는 사실을 알았다. 아버지는 떠났지만 내 핏속에 아버지가 남아 있었다.

조금씩 까칠해지고 있는 손. 마디가 굵어지고 주름이 잡히려 하는 내 손을 정성스럽게 쓰다듬어본다. 그리고 나를 아끼고, 사랑할 것을 다짐한다. 아버지인 듯 아버지인 듯, 내 아버지인 듯.

봄비

폭설에게서 겨우 풀려난 봄이

기다란 모가지를 가누며

티스푼으로 조금씩

물 떠먹는 소리

투병에서 막 벗어난 막내가

파리한 얼굴로 하품을 할 때

창가 고드름 똑, 똑

녹는 소리

어쩌면

두 눈을 잃은 삼손이

울고불고 애쓰다, 지친 밤

바닥에 마음 눕히는 소리

봄비여

날 저무는 때

네 투명한 선線을 그러모아

마음에 비질하고 싶다

봄이 하는 많은 일이 소리로 들려올 때가 있다. 꽃 피는 소리, 나뭇잎 돋는 소리, 언 마음 풀어지는 소리. 그중 특별히 마음을 움직이는 건 봄비 내리는 소리다. 우는지 웃는지 알 수도 없게, 얼굴을 가리고 오는 봄비.

봄비 소리를 듣다가 시 한 편을 써놓고, 부질없다는 생각. 시가 아무리 힘이 세다 해도, 하늘에서 기르는 투명한 짐승이 젖은 몸을 털어내듯, 뚝뚝 끊어지며 내리는 봄비를 이길 수야 없지 않은가. 때로 시 열 편이 봄비 내리는 하나의 풍경 앞에 힘없이 젖는다. 그래도 좋다. 부질없을 수 있어서.

겨울이 가고 봄이 오는 건 도대체 무슨 연유일까? 봄과 겨울 사이를 애증에 휩싸인 연인 관계로 상상하는 것은 달콤한 자유. 끝내 겨울의 사랑을 뿌리치고, 봄은 간신히 온다. 그러니까 사랑에 겨워 숨죽여 지내던 봄이 돌연 독립을 선언하며 야윈 몸을 이끌고 우리에게 오는 거라고, 간신히 오는 거라고 믿어보는 거다.

한동안 겨울은 어느 깊은 동굴에 들어가 지난 폭설과 사랑에 대해 함구하며 견뎌야 하겠지만 괜찮다. 군건했던 겨울이 쓸쓸히 퇴각하는 뒷모습도 봄만큼이나 아름다우니. 그러고 보니 슬픈 건 조금씩은 아름다운 법이고, 아름다운 건 또 조금씩은 슬픈 법인가보다.

신발 가게

누군가가 죽었다는 것은 그를 부를 '호칭' 하나가 사라졌다는 것을 뜻한다. 이름은 남아도 호칭은 죽는다. 가령 길동이가 죽었다면 '길동이'라는 이름은 남을 수 있지만, '길동아'라고 부를 수 있는 호칭은 함께 죽는 것이다. '아빠!'라는 입소리는 내게서 죽은 말이다.

아빠(아버지가 아닌)는 동네 신발 가게 아저씨와 친했다. 아빠를 찾다 없으면, 신발 가게로 달려가보았고, 열에 일곱은 그곳에 있었다. 아빠는 신발 가게 아저씨와 담배를 피우며 두런두런 이야기를 하고 있었다.

계절이 바뀌면 발은 금세 자랐다. 지난여름에 신던 샌들을 신을 수 없게 되었다. 아빠가 아저씨와 이야기를 나누는 동안 알록달록한 샌들 중 딱 하나를 고르는 일은 즐거웠다. 아빠는 이쪽을 힐끗 보며, 내 발이 너무 빨리 자란다고 푸념을 했지만 목소리는 즐겁게 들렸다. 나는 윤이 나는 에나멜에 구슬 따위가 박힌 샌들을 골라 신고, 가게 안에서 이리저리 걸어보았다. 아저씨는 검지와 중지를 뒤꿈치 쪽으로 넣어보거나, 신발 앞코를 눌러보며 사이즈가 맞는지 확인했다. 새 신발을 신고, 헌 신발은 비닐봉지에 넣어 집으로 돌아올 때는 가난한 동네마저 환해 보였다.

지금도 동네 어귀나 시장 골목에 있는 신발 가게 앞을 지날 때면 자연스럽게 멈춰 서게 된다. 들어가진 않고 밖에서 안을 구경할 때면 마치 옛날, 나와 아빠와 신발 가게 아저씨가 셋이서 나란히 안을 들여다보는 듯한 느낌이 든다. 신호등 불빛이 바뀌거나 누가 내 어깨를 툭 치고 지나가도 태연하게, 신발을 고르는 어린 내 모습을 바라보리라.

겨울은 사라지는 것이 아니라
녹는 것이다

 어느새 나뭇잎들 다 떨어져 파리한 겨울 하늘의 여백이 짙어지고 있다. 숨은 봄은 어디서 모르는 척 동면에 들었을까?

 모자 주인은 모자를 잃은 줄도 모르고, 혼자서만 모르고. 세상은 별다른 기별 없이 잘 흘러간다. 그저 가끔 머리 위가 허전하다.

 글쎄. 눈동자에서 빛이 빠져나가 '구운 눈빛'을 하고 그저 멍하니, 나이를 먹고 있는 내가 보인다. 그러니까 군고구마처럼 눈빛을 바짝 구워 들키지 않으려고, 혹은 너무 들키고 싶어, 건조한 눈동자로 거리를 헤매고 있는지도 모르겠다. 구운 눈빛에서도 이따금 눈물은 태어나나- 방금 태어난 눈물은 모두 과거에 빚지고 있다. 과거, 어여쁜 미련들의 자궁.

 마음이 행동을 따라가다 돌연 절교를 선언하고, 혼자 남은 행동은 달리다 고꾸라져 잠들고, 다시 깨어나서 마음 언저리에 간신히 빌붙고, 빌붙다 처연한 눈빛으로 둔갑하고. 이 모든 행위는 투명한 율동이 되어 헛헛해지기 일쑤. 나는 이 반복을 간단히 '건강한 생활'이라 부르겠다.

 하여 봄이 오는 길목에서는 이러지 말아야지. 어느 담벼락에 몰래 올라 앉아, 지나가는 나그네에게 "파랑, 파랑!"이라고 속삭이며 미소나 지어봐야지. 도화살 낀 새끼 고양이처럼 꼬리를 바짝 치켜세우고는 구운 눈빛이나 녹여봐야지.

 아침은 멀고, 또 진정으로 밝은 아침은 불가능하다 해도 눈이 부신 '척'이라도 하며, 꽃피는 계절을 나는 또 기다릴 것이다.

12월,
머뭇거리며 돌아가는 달

 이상하다. 12월이 되면 모든 것의 윤곽이 흐려진다. 달력의 숫자들조차 꿈틀거리며 도망가려는 듯 보인다. 명징한 얼굴을 보여주길 거부하는 듯, 12월이 품은 날들은 웬일인지 모두 흐리다.

 인디언은 12월을 '다른 세상의 달' 혹은 '침묵하는 달' '나뭇가지가 뚝뚝 부러지는 달' '늙은이 손가락 달' '태양이 북쪽으로 다시 여행을 시작하기 전에 휴식을 취하려 남쪽 집으로 여행을 떠나는 달' 등으로 부족에 따라 달리 부른다고 한다. 재미있다. 우리말로 12월은 '매듭 달'이다.

 12월이 되면 어떤 벽에 가까워짐을 느낀다. 멀리서부터 걸어

왔는데, 기껏 도착한 곳이 벽 앞이라니. 낭패다. 벽은 다시 돌아가라고, 여기서 좀 쉬었다 돌아가라고 말한다. 한숨을 쉬고, 눈앞에 놓인 기다란 실을 따라가는 마음으로(실은 따라가는 것보다 머뭇거리는 동작이 더 많지만) 12월을 보낼 수밖에.

마음에 구멍이 뚫린 것 같을 때, 구멍으로 찬바람이 들어와 배꼽이 저릿저릿할 때 노라 존스의 〈12월December〉이란 노래를 반복해서 듣는다. 책상의 이쪽 끝에서 저쪽 끝까지, 시간이 뭉개지며 흐를 때까지. 공책에 음표나 화살표 따위를 그리며 낙서에서 낙서로 이어지는 달리기에 빠진다. 음악을 듣고 있으면 아주 먼 곳으로 잠깐 다녀온 기분이 든다. 무언가를 끼적이다 별안간 떠오르는 당신 생각. 허공에 매달아놓은 달덩이 같은 옛 생각, 눈밭에 묻어둔 지난 일들이 떠오른다. 바람에 날아가기도 흩어지기도 하는 상념들을 무방비 상태로 흘러다니게 두어도 좋다. 별것 아닌 기억들로 인해 눈물이 핑 돌아도 좋다.

밤에는 가사가 나오지 않는 캐럴을 듣는다. 수천 개의 은종이 우는 것 같다. 밝으면서도 어딘가 처연한 음악. 가만히 나를 접어 책상 구석, 먼지 쌓인 책 속에 끼워넣을 수 있다면 좋겠다. 납작하게 숨는 일은 아무래도 12월에 하기 좋은 일. 발랄하고 은은한 '음'들이 오선지 위를 걸어다니게 둔다. 가장 밝은 소리들이 모여 마지막을 위한 환송회를 여는 것 같기도 하고, 무언가를 추모하는 분위기도 감돈다. 캐럴은 '슬픔을 간신히 장조로 바꾼' 음악이다.

그중 〈북 치는 소년The Little Drummer Boy〉이 좋다. 작은 소년이 그냥 작은 소년인 것만도 좋은데, 북까지 치니 좋아하지 않을 수가 없다. 마루 구석에 쓸쓸하게 생긴 트리가 있어도 좋고, 없어도 좋다. 떠나온 사람들이 집으로 돌아가고 싶어 헤매는 마음을 장식한 게 트리가 아닐까? 그렇지 않고선 저렇게 영롱하게 반짝일 수가 없다. 돌아올 수 없는 자들의 간절함이 어둠을 들어올리는 것이리라.

두드리라, 두드리라, 북 치는 소년이여. 기다리는 마음에게 밤은 길고, 떠난 마음들은 기어코 먼 곳에 도착하리라.

한 해를 보내는 가장 좋은 방법은 정리와 인사, 송년회가 아니다. 조용히 웅크린 채 한 해와 같이 기울어지면 된다. 아무것도 하지 않아도 좋다. 하지 않을수록 좋다. 정리를 한다고 마음을 바쁘게 몰아세울 것도 없다. 할 수만 있다면 그냥 한곳에 웅크려 앉아 '생각'에 빠져 지내는 게 좋다.

내가 인디언이라면 12월을 '머뭇거리며 돌아가는 달'이라고 부를 텐데.

가는 봄에게 목례를
―죽은 아빠에게

   안녕하신가요, 라는 쉬운 인사말 앞에서 조금 서성였어. 안녕한지 묻기엔 아빠가 너무 멀리 있기 때문이야. 우리 못 본 지 너무 오래됐다. 그런데 내가 존댓말을 하지 않는다고, 게다가 서두에 '죽은 아빠에게'라고 돼먹지 못하게 반말을 했다고 화내는 건 아니지? 사람들에게 아빠를 '돌아가신 아버지'라고 얘기할 수는 있지만 우리 둘이 대화할 때도 그러기 싫어. 지금 아빠는 내게 그냥 죽은 아빠지. 미운 아빠이기도 하고. 아빠는 평생 내 속을 썩이는 친구, 그러나 사랑할 수밖에 없는 친구 같았지. 우리는 그랬어. 그치?

   나는 잘 지내고 있어. 위에서 내려다본 '마을의 작은 지붕들'

처럼. 근사하지? 내가 이곳에서 얼마나 따뜻하게 잘 사는지 알면 질투 날 텐데. 내 지붕 아래로 가끔 칠이 벗겨진 기차가 지나다니고, 세숫대야에 쏙 들어가는 작은 바다도 넘실대고, 이름 모를 나무들이 조용히 늙어가기도 해. 물론 옛날 음악이 흐르는 주크박스와 한 소쿠리 귤, 숨겨둔 꿀단지도 있어. 난 요새 부자야. 이렇게 살고 있다고.

물론 생각이 날 때가 있지. 아주 가끔. 〈걸어도 걸어도〉란 일본 영화를 보고 난 직후라든가, 피곤한 일을 처리하고 돌아와 힘없이 단추를 풀 때. 혹은 치약을 짜다가 별안간. 청국장을 끓이다가 문득. 마치 먼 옛날 애인처럼 떠오르지. 내게 그런 애인이 정말 있었나, 싶은.

여기까지 쓰다가, 여러 번 멈췄어. 생각을 하지 않고 지냈는데 갑자기 당신 생각이 한꺼번에 밀려드니 힘드네. 있잖아, 장롱에 아슬아슬 쌓아놓은 이불들이 기어코 한꺼번에 쏟아지는 것처럼. 아빠가 쏟아지네. 감당이 안 되는데, 아프진 않아. 이불은 그렇잖아. 무거워도 질식하게 두진 않고, 따뜻하고, 숨겨주잖아. 아빠가 살아 있을 때는 생각하는 것 자체가 아픈 적 많았는데, 지금은 안 그래. 그냥 아련하고 따뜻해. 다행이지? 충분히 사랑했잖아요, 우리.

이렇게 붉은 봄밤.
누군가를 사랑한다면 그 마음 때문에 붉은 녹이 곳곳에 배어 있을 것 같다.
참 좋다.

아빠, '봄'을 천천히 발음해본 적 있어? 한번 해봐. 입을 한껏 오므리고 '보오오오옴' 할 때, 두개골 안에 갇힌 비음이 밖으로 나가고 싶어서 요동치는 게 느껴져. 수북한 꽃잎들처럼, 입속에 사는 메아리처럼. 입술은 어떻고. 봄을 발음하면 아주 귀한 것을 안쪽으로 끌어안듯이 입술을 꽉 다물게 되는데 잘 매듭지어진 왕만두 꼭지같이 귀여운 모양이 돼. 한번 해봐(별걸 다 시킨다고 투덜대며 따라 하지 않을 것이 분명한 아빠). 재미있지? 그냥, 거기서 심심하거나 누군가를 부르고 싶어질 때, 가끔 보오옴, 하고 불러보라고(혼자 있게 되면 생각하다 분명히 따라 할

아빠). 그러면 내가 이곳에서 언제든 봄을 떠올릴게. 봄은 생각만 해도 따뜻해지니까.

어릴 때는 꽃과 나무, 오고가는 계절에 무심했는데, 그들이 그냥 풍경이나 배경으로서 존재하는 것들로만 알았는데 요새는 안 그래. 그들이 주인공이야. 길 가다가 우뚝 멈춰서 넋 놓고 본다니까. 생식기가 저렇게 말도 안 되게 예쁜 것은 꽃밖에 없을 거야. 왜 그럴까, 생각해보니 꽃은 사라지잖아. 동물들은 생식기를 지게 만들지 못하지. 떨어트릴 수 없이 평생 달고 다녀야 하잖아. 그러다 퇴화하는 거고. 그런데 가장 중요한 것을 떨어트리고 여러 날 숨어 있을 줄 아는 꽃들은 필연적으로 모양새가 아름다울 수밖에 없지 않을까? 뭐 전문가들은 다른 이야기를 내놓겠지만, 내게는 그렇게 보여. 자기 목을 스스로 거둘 줄 아는 것들은 자연스럽고 예쁘다는 생각.

아빠, 영원한 봄은 없지.
꽃과 볕과 정을 탕진하듯 다 써버린 내가 봄날을 아쉬워하며 애석해한들, 가는 봄을 막을 수 있겠어?

미친듯이 담장 밖으로 고개를 내빼고, 자기들을 좀 보라고 외치는 개나리들도 이제 끝이지. 뭐가 그리 신나는지 하이파이브를 하자고 우르르 손을 내밀고 있는 그 노란 것들! 예뻐 죽겠는 것들도 결국 흐려지지. 가는 게 아쉬운 걸로 치자면 봄만한 것이 없지.

가끔 내 나이를 떠올리며 걷다가, 아빠는 서른두 살 이후의 나는 볼 수 없겠구나, 생각할 때가 있어. 마흔의 나, 쉰이 넘은 내 모습도 볼 수 없겠구나, 생각하지. 잘된 거야. 늙어가는 거 봐서 뭐 하겠어. 그런데 정말 잘된 걸까?

모르겠어. 알 수 있는 게 없어. 그런데 하나. 내가 마음속 깊은 곳에서부터 확신하는 말이 있어. 라빈드라나트 타고르라는 유명한 사람이 한 말인데 "시란 패자가 모두 갖는 게임"이라는 말이야. 이 말을 듣는 순간 왜 이렇게 안도가 되던지. 눈물이 날 뻔했어.

아빠, 나, 봄.

우리 셋은 많은 날 함께 패자였으니까, 시 속에서 즐거울 수 있겠다. 그치?

그거면 되잖아.

그러니 우리 가는 봄에게 목례를 하자. 조심히 잘 가라고. 다음 봄엔 내가 조금 더 낡아 있겠지만 당신은 새로운 몸으로 오실 걸 안다고.

아빠에게도 목례를,
내 숙인 모가지 위로 흐르는 사랑이 보이지?
안녕.

                        2014년 가는 봄을 배웅하는 길목에서

느리게 오는 것들

다 앓고 난 후 이제 좀 쉬려 하는데
뒤늦게 머리를 들이미는 '늦된' 감정이 있습니다.

그것은 몸 어느 부위에 고여 있다가
(이를테면 새끼발가락 같은)
가장 늦은 걸음으로 모자를 손에 든 채 찾아옵니다.
늦어서 죄송합니다, 능청을 부리며
기어코 안으로 들어오려 합니다.

영업 끝났습니다! 쏘아붙이고 싶지만
흰 머리칼이 바람에 날리고 있어

도리 없이 우두커니 바라보게 되는,
그런 감정이 있습니다.

가장 늦게 오는 것들,
초췌해진 표정으로 머쓱하게 서서는 애먹이는 것들,
끝내 마음을 당혹시키는 것들을 어떻게 하면 좋을까요?

마음은 내내 가혹했던 머리에게
이제 좀 쉬라고 부탁할까요?
느러터진 것들,
그들의 땀 맺힌 이마에 맑은 샘이 있다고 부탁할까요?

오늘은 그 샘에 들어가 물장구치며 말해야겠습니다.

괜찮다고.
더 천천히 오라고.

소란

ⓒ박연준 2025

1판 1쇄 발행 2020년 3월 14일
1판 14쇄 발행 2024년 11월 5일
2판 1쇄 발행 2025년 11월 11일

지은이 박연준
펴낸이 김민정
책임편집 유성원
편집 정가현 정수범
디자인 한혜진
저작권 박지영 형소진 주은수 오서영 조경은
마케팅 정민호 박치우 한민아 이민경 박진희 황승현 김경언
브랜딩 함유지 박민재 이송이 박다솔 조다현 김하연 이준희
제작 강신은 김동욱 이순호
제작처 영신사

펴낸곳 (주)난다
출판등록 2016년 8월 25일 제406-2016-000108호
주소 10881 경기도 파주시 회동길 210
저작권 및 독자문의 copyright_nanda@munhak.com
작가섭외 및 행사문의 innanda@munhak.com
페이스북 @nandaisart **인스타그램** @nandaisart **엑스** @wingedpoems
문의전화 031-955-8865(편집) 031-955-2689(마케팅) 031-955-8855(팩스)

ISBN 979-11-24065-08-2 03810

○이 책의 판권은 지은이와 (주)난다에 있습니다.
○이 책 내용의 전부 또는 일부를 재사용하려면 반드시 양측의 서면 동의를 받아야 합니다.
○난다는 (주)문학동네의 계열사입니다.
○잘못된 책은 구입하신 서점에서 교환해드립니다.
  기타 교환 문의: 031-955-2661, 3580